Cornelius Hasselblatt

Lehrbuch des Estnischen

Cornelius Hasselblatt

Lehrbuch des Estnischen

2., durchgesehene Auflage

2005

Harrassowitz Verlag · Wiesbaden

Bibliografische Information der Deutschen Nationalbibliothek
Die Deutsche Nationalbibliothek verzeichnet diese Publikation in der Deutschen
Nationalbibliografie; detaillierte bibliografische Daten sind im Internet
über https://dnb.de abrufbar.

Bibliographic information published by the Deutsche Nationalbibliothek
The Deutsche Nationalbibliothek lists this publication in the Deutsche
Nationalbibliografie; detailed bibliographic data is available on the internet
at https://dnb.de

Informationen zum Verlagsprogramm finden Sie unter
https://www.harrassowitz-verlag.de

© Otto Harrassowitz GmbH & Co. KG, Wiesbaden 2005, 2026
Kreuzberger Ring 7c–d, 65205 Wiesbaden, produktsicherheit.verlag@harrassowitz.de
Gedruckt auf alterungsbeständigem Papier.
Druck und Verarbeitung: Books on Demand GmbH, Hamburg
Printed in Germany
ISBN 978-3-447-05130-9

Inhalt

Vorwort

Das vorliegende Lehrbuch ist sowohl für das Selbststudium als auch für den (universitären) Unterricht gedacht. Leitgedanke bei der Erstellung war, daß es sich bei den Lernenden um eine hochgradig motivierte Zielgruppe handelt, die nicht mit didaktischen Kniffen, bunten Bildern oder abwechslungsreichen Skizzen unterhalten werden muß.

Die relativ langen Texte sollen Autodidakten genügend Lesestoff bieten, ebenso die – zugegebenermaßen unter Umständen etwas monoton wirkenden – Einsetzübungen, die rechts jeweils mit einer Lösung versehen sind. Sobald das Buch im Unterricht verwendet wird, wird die jeweilige Lehrkraft ohnehin eigene Elemente wie andere Übungen und weiteres Material einbringen. Erfahrungsgemäß folgt jede Lehrperson individuellen Maßstäben, so daß schlechterdings kein Lehrbuch denkbar ist, das allen Bedürfnissen gerecht würde.

Der Wortschatz ist in den ersten zehn Lektionen konsequent auf den estnischen Basiswortschatz beschränkt (vgl. hierzu: Wolfgang Veenker: *Minimalwörterbuch der estnischen Sprache.* Köln 1992), die weiteren Lektionen verwenden dann den Rest der 1000 Wörter des Veenkerschen Minimalwörterbuchs sowie gut 500 weitere Vokabeln. Ein „touristischer" Wortschatz fehlt jedoch weitgehend, so daß man für einen schnell verfügbaren „Reisewortschatz" zusätzlich auf die mittlerweile in einigen Verlagen vorliegenden Reisesprachführer zurückgreifen kann.

Die grammatische Beschreibung stützt sich auf meine Grammatik, deren paralleler Gebrauch für eine weitere Vertiefung sehr empfohlen wird (Cornelius Hasselblatt: *Grammatisches Wörterbuch des Estnischen.* Wiesbaden 1992). Die hier am Anfang jeder Lektion hinter dem Kürzel *GWE* vermerkten Stichworte verweisen auf die einzelnen Artikel des *Grammatischen Wörterbuchs.* Der grammatische Index am Schluß dieses Buches gibt an, in welcher Lektion ein bestimmtes grammatisches Phänomen behandelt wird.

Das estnisch-deutsche Glossar der einzelnen Lektionen ist nach Wortgruppen unterteilt, wobei neben den drei „klassischen" Gruppen (Verben, Substantive, Adjektive) als vierte Gruppe die „Kleinen Wörter" auftauchen, worunter alles andere subsumiert worden ist: Konjunktionen, Adverben, Präpositionen, Numeralia etc. Bei den Substantiven und Adjektiven sind von Beginn an vier Formen angegeben, die aufgrund der nicht immer leicht nachvollziehbaren Bildungsweise stets mitgelernt werden sollten: Nominativ, Genitiv und Partitiv im Singular sowie die gebräuchlichere Pluralform des Partitivs; bei den Verben sind es drei Formen: die beiden Infinitive und die erste Person des Indikativs Präsens. Die in manchen estnischen Lehr- und Wörterbüchern zur phonetischen Orientierung gegebenen Längenzeichen sind hier weggelassen worden, um die Lernenden nicht übermäßig zu belasten. Ein Wort-Index am Schluß ermöglicht das Auffinden der Vokabeln aus früheren Lektionen.

Nicht zustande gekommen wäre dieses Buch ohne die muttersprachliche Hilfe von Katrin Bonde (Tartu), Mati Sirkel (Tallinn) und Viive Taro (Helsinki). Ihnen wie auch Dr. Konrad Maier, Dr. Marianne Vogel und den Studierenden am Finnisch-Ugrischen Seminar der Universität Hamburg gebührt mein herzlichster Dank für die Hilfe bei der Anfertigung des Buches. Daß auch diese zwei Dutzend Personen mich nicht von der alleinigen Verantwortung für alle Fehler des Buches entbinden, versteht sich von selbst.

Göttingen, den 1. Januar 1995   *Cornelius Hasselblatt*

Vorwort zur 2. Auflage

Die überwiegend positive Aufnahme des Buches, in erster Linie aber auch die erwiesene Bewährung in der Praxis, veranlassten mich, das Angebot des Verlags, eine Neuauflage zu veranstalten, ohne Zögern anzunehmen. Sie erfolgt in weitgehend unveränderter Form und bemüht sich lediglich um die Korrektur entdeckter Fehler. Eine Anpassung an gesellschaftliche Veränderungen in Estland – zu denken wäre hier etwa an eine Änderung der Preisangaben in verschiedenen Passagen – ist daher nicht vorgenommen worden, zumal derlei Veränderungen im allgemeinen schneller vonstatten gehen, als ein gedrucktes Buch sie festzuhalten vermag. Aller Voraussicht nach wird zum Beispiel der Euro bereits in einigen Jahren die Währung auch Estlands sein.

Das Buch kann in einem Studienjahr durchgenommen werden, an dessen Ende die Studierenden in der Lage sind, einen unbekannten (Zeitungs)Text mit Hilfe eines zweisprachigen Wörterbuchs zu übersetzen. Nach wie vor gilt, dass für eine aktive Sprachbeherrschung zusätzliches Material und ein Aufenthalt im Lande unentbehrlich sind. Ebenso ist die Verwendung der nunmehr zweiten Auflage meines im gleichen Verlag erschienenen *Grammatischen Wörterbuchs des Estnischen* (Wiesbaden 2001) für eine umfassendere Beschäftigung mit der Grammatik des Estnischen unumgänglich.

Zu danken habe ich den zahlreichen Studierenden an den Universitäten von Hamburg und Groningen, die mit ihren Fragen und Anmerkungen zu einer Verbesserung des vorliegenden Buches beigetragen haben.

Groningen, den 30. April 2005   *Cornelius Hasselblatt*

LEKTION 1

Grammatik

GWE: Alphabet, Betonung, Demonstrativpronomen, Fragesatz, Grußformen, Hilfsverb, Interrogativpronomen, Intonation, Negation, Person, Personalpronomen, Phonem-inventar, Präsens

Alphabet

Das estnische Alphabet besteht aus den folgenden Buchstaben:
a b (c) d e f g h i j k l m n o p (q) r s š z ž t u v (w) õ ä ö ü (x) (y)
Die Laute **ä**, **ö**, und **ü** haben ihre Position am Ende des Alphabets noch hinter dem **õ**. Die eingeklammerten Buchstaben tauchen nur in fremdsprachigen Wörtern und Ausdrücken auf, ihr Lautwert entspricht dem der jeweiligen Sprache. Die Bezeichnungen der Buchstaben weichen in einigen Fällen vom Deutschen ab: **š = šaa, z = zee, ž = žee, v = vee, w = kaksis-vee** oder **topelt-vee, y = üpsilon** oder **igrek**. Großschreibung erfolgt nur am Satzanfang sowie bei Eigennamen und bei der Anrede im Schriftverkehr, alles andere wird klein geschrieben.

Betonung

Die Betonung liegt bei genuin estnischen Wörtern fast immer auf der ersten Silbe. Eine Ausnahme bilden **aitäh** 'danke' oder die Ableitung **sõbranna** 'Freundin', die auf der zweiten Silbe betont werden. Manche zusammengesetzte Wörter haben auf der zweiten Silbe (d.h. der ersten Silbe des zweiten Bestandteils) eine deutlich stärkere Betonung wie z.B. **seesama** 'dasselbe'. Fremdwörter hingegen werden häufig betont wie in der Herkunftssprache: **etüüd, situatsioon, sümfoonia**.

Länge

Alle Vokale und Konsonanten können in *drei* Längenstufen auftreten, kurz, lang und überlang. Abgesehen von **b/p/pp, g/k/kk** und **d/t/tt** ist dies im Schriftbild nicht erkennbar. Während es im Deutschen nur eine eingeschränkte kurz/lang-Opposition bei den Vokalen gibt (z.B. das **i** in deutsch **Mitte** und **Miete**, wobei das **t** in beiden Fällen gleich kurz ist), gibt es im Estnischen drei Stufen: kurz, lang und überlang bzw. I., II. und III. Stufe. D.h. ein Vokal in der I. Stufe ist etwas kürzer als der deutsche kurze Vokal, in der II. Stufe in etwa so lang wie der deutsche lange Vokal und in der III. Stufe deutlich länger als ein langer deutscher Vokal. Bei den Konsonanten ist der Unterschied zum Deutschen größer: Ein langer (und überlanger) Konsonant wird artikuliert, indem man deutlich auf dem entsprechenden Laut verweilt. Die lange und überlange Aussprache erzielt man ungefähr, wenn man z.B. die deutschen Komposita **Miettrennung** und **Pappplakat** langsam und überdeutlich ausspricht.

Aussprache der Vokale

a Wie im deutschen **Saal**, etwas tiefere Zungenstellung: **Tallinn**, **Taani** 'Dänemark'.

e Wie im deutschen **See**: **kes** 'wer', **keel** 'Sprache, Zunge'.

i Wie im deutschen **viel**, bleibt auch als kurzer Vokal in hoher Zungenstellung: **sina** 'du', **siin** 'hier'.

o Kurz wie im deutschen **Sonne**: **kodu** 'Heim'; lang wie im deutschen **Sohn**, also geschlossener: **kool** 'Schule'.

u Wie im deutschen **Hut**: **muna** 'Ei', **muusika** 'Musik'.

õ Im Deutschen nicht vorhanden, unterscheidet sich vom ö durch den Wegfall der Lippenrundung und ist weiter hinten artikuliert, während die mittlere Zungenstellung beibehalten wird. Aussprachehilfe: Man artikuliere ein langes **u** und ziehe dann mit den Fingern an den Mundwinkeln den Mund breit, *ohne* die Zungenstellung oder die Luftzufuhr zu ändern: **lõpp** 'Ende', **rõõm** 'Freude'.

ä Offener, d.h. tiefere Zungenstellung als im Deutschen. Vergleichbar der Bühnenaussprache von **Bären** (im Gegensatz zu **Beeren**) oder der deutschen Interjektion **Bäh!**: **käsi** 'Hand', **jää** 'Eis'. Ruhig ordinär!

ü Wie im deutschen **kühl**: **ütlema** 'sagen', **püüdma** 'versuchen, sich bemühen'.

ö Wie im deutschen **Söhne**: **köhima** 'husten', **öö** 'Nacht'.

Aussprache der Diphthonge

Diphthonge sind Doppelvokale, im Deutschen gibt es nur drei, **au**, **ei (ai)** und **eu (oi)**, allenfalls als vierten **ui** ('hui'), im Estnischen je nach Zählweise bis zu 36. Sie werden ausgesprochen, indem die beiden Laute direkt hintereinander artikuliert werden:

laul	'Lied', wie im deutschen **Baum**
haige	'krank', wie im deutschen **Mai**, **Reise**
poiss	'Junge', wie im deutschen **Heu**
kui	'wenn, als', wie im deutschen **hui**

Alle anderen werden streng nach dem Lautwert der Einzelvokale ausgesprochen, **reis** 'Reise' also *nicht* wie das deutsche **Reise**, sondern etwas wie die skandinavische Grußform **hei**:

laev	'Schiff'		**koer**	'Hund'
päev	'Tag'		**hea**	'gut'
sein	'Wand'		**õu**	'Hof'

Aussprache der Konsonanten

b, p   Wie im deutschen **Puppe**, aber nicht aspiriert. Für den kurzen Kon-
sonanten wird **b** geschrieben, lang **p** (überlang **pp**): **tuba** 'Zimmer', **õpin**
'Ich lerne', **tuppa** 'ins Zimmer'. Ein stimmhaftes **b** wie im deutschen **Bär**
gibt es nicht.

d, t   Wie im deutschen **Tante**, aber nicht aspiriert. Für den kurzen Kon-
sonanten wird **d** geschrieben, lang **t** (überlang **tt**): **õde** 'Schwester', **mõte**
'Gedanke', **mõtte** 'des Gedankens'. Ein stimmhaftes **d** wie im deutschen
Ding gibt es nicht.

f   Nur in Fremdwörtern, wie im Deutschen: **film** 'Film'.

g, k   Wie im deutschen **Kuckuck**, aber nicht aspiriert. Für den kurzen
Konsonanten wird **g** geschrieben, lang **k** (überlang **kk**): **mägi** 'Berg', **aken**
'Fenster', **kukkuma** 'fallen'. Ein stimmhaftes **g** wie im deutschen **Garten**
gibt es nicht.

h   Vor Konsonanten dem deutschen **ch** in **kochen** ähnlich: **kohv** 'Kaffee',
laht 'Bucht'; im Anlaut und zwischen Vokalen einfacher Hauch wie im
deutschen **Haus**: **hoone** 'Gebäude', **homme** 'morgen', **hakkama** 'be-
ginnen'.

j   Wie im deutschen **ja**: **ja** 'und', **jää** 'Eis', **maja** 'Haus'.

l   Etwas weicher und weiter vorne artikuliert als im Deutschen: **lill**
'Blume', **kollane** 'gelb'.

m   Wie im deutschen **mein**: **maa** 'Land', **lamama** 'liegen'.

n   Wie im deutschen **nein**: **nii** 'so', **sõna** 'Wort'.

r   Immer ein stimmhaftes Zungenspitzen-r wie im Süddeutschen: **korralik**
'ordentlich', **ratas** 'Rad'.

s   Auch am Wortanlaut stets stimmlos, wie im deutschen **Haus**: **siis**
'dann', **kus** 'wo', **vesi** 'Wasser'.

š   Nur in Fremdwörtern, wie das deutsche **sch**: **dušš** 'Dusche'.

z   Nur in Fremdwörtern, ursprünglich stimmhaftes s wie im deutschen **Rose**,
das dann aber halbstimmhaft, dem **s** ähnlich, ausgesprochen wird: **zlott**
'Zloty' (poln. Währung).

ž   Nur in Fremdwörtern, wie im deutschen Fremdwort **Garage**, wird aber
halbstimmhaft ausgesprochen: **garaaž** 'Garage'.

v   Fast immer stimmhaft wie im deutschen **Wasser**: **vabrik** 'Fabrik', **vili**
'Getreide'. Nur nach **h** im Auslaut ist es stimmlos, d.h. dem deutschen
f ähnlich: **kohv** 'Kaffee'.

Personalpronomen

Es gibt sechs Personalpronomina, wobei zu beachten ist, daß *sie* und *er* nicht
unterschieden werden:

mina / ma	ich	**meie / me**	wir
sina / sa	du	**teie / te**	ihr, Sie (höflich)
tema / ta	sie, er	**nemad / nad**	sie

Die Kurzform wird bei gewöhnlichem Gebrauch verwendet, die längere nur, wenn das Pronomen besonders betont werden soll (zur Unterscheidung z.B.) und das Hauptgewicht des Satzes auf ihm liegt. In der ersten und zweiten Person kann das Pronomen völlig wegfallen, da die Endung des Verbs die Person bereits eindeutig ausdrückt.

Personalendung

Es gibt sechs Personalendungen, die bei allen Verben (bis auf **olema**, s.u.) angewendet werden:

	sg.	*pl.*
1. Person	**-n**	**-me**
2. Person	**-d**	**-te**
3. Person	**-b**	**-vad**

Hilfsverb

olema	sein:		
mina olen	ich bin	**meie oleme**	wir sind
sina oled	du bist	**teie olete**	ihr seid
tema on	sie/er ist	**nemad on**	sie sind

Bei der Verneinung wird die Partikel **ei** zwischen Pronomen und Verb, das jetzt nur noch im Stamm erscheint, geschoben. Das Personalpronomen darf nicht wegfallen:

mina ei ole	ich bin nicht	**meie ei ole**	wir sind nicht
sina ei ole	du bist nicht	**teie ei ole**	ihr seid nicht
tema ei ole	sie/er ist nicht	**nemad ei ole**	sie sind nicht

Verbalflexion

ootama	warten:		
mina ootan	ich warte	**meie ootame**	wir warten
sina ootad	du wartest	**teie ootate**	ihr wartet
tema ootab	sie/er wartet	**nemad ootavad**	sie warten

Mina ei oota.	Ich warte nicht.
Nad ei oota.	Sie warten nicht.

Fragesätze

Zur Einleitung von Entscheidungsfragesätzen wird, ohne Änderung der Wortstellung, dem Satz ein **kas** vorangestellt:

Ma olen Ants.	Ich bin Ants.
Kas ma olen Ants?	Bin ich Ants?

Text

- Tere, mina olen Ants Tamm.
- Tere hommikust, mina olen Virve Õispuu.
- Tere päevast, ma olen Peeter.
- Kes sa oled?
- Ma olen Peeter, Peeter Sepp.
- Sina oled siis Peeter Sepp, ja see on Virve Õispuu.
- Ahaa, sa oled Ants Raid ja tema on Virve Õispuu.

- Tere õhtust, me oleme Ants, Virve ja Peeter, kes teie olete?
- Oo, tere õhtust, meie oleme Arvo ja Sirje.
- Kas nemad on Arvo Sepp ja Sirje Kull?
- Nad on Arvo Kapp ja Sirje Linnamäe.
- Kes teie olete? Te olete siis härra Kapp ja proua Linnamäe?
- Jah, me oleme Kapp ja Linnamäe. Nägemiseni.

- Tervist, ma olen Mart.
- Oled sa Mati?
- Ei, ma ei ole Mati, olen Mart.
- Aga mina olen Mati Sepp.
- Sa oled Mati Sepp – ma ei saa aru.
- Kuidas?
- Ma ei saa aru!
- Miks?
- Kes on Arvo Sepp ja kes on Mati Sepp?
- Me oleme Arvo ja Mati Sepp.
- Te olete Mati ja Mart Sepp, saan aru.
- Ei, me ei ole Mati ja Mart, me oleme Mati ja Arvo, saad sa aru?
- Nüüd saan ma aru.

- Me läheme nüüd ära.
- Ma lähen ka ära.
- Head aega!
- Nägemiseni!
- Kas Virve läheb ära?
- Ei, Virve ei lähe ära, Mati läheb ära.
- Kas Mati ja Arvo lähevad ära?
- Jah, lähevad küll.
- Kas lähed ka, Sirje?
- Jah, ma lähen ära. Kohtumiseni!

- Kas sina lähed ka, Peeter?
- Ei, ma ei lähe veel ära.
- Aga sina lähed, Ants?
- Ants läheb ära.
- Jah, ta läheb ära.
- Head ööd siis!
- Sirje ja Peeter ei lähe veel.

- Sirje ja Peeter, kas te lähete nüüd ära?
- Jah, me läheme ära.
- Ei, mina ei lähe veel ära.
- Mina lähen nüüd.
- Mina ootan veel.
- Ma ei saa aru. Miks sa ootad?
- Ma ootan veel. Miks mitte?
- Noh, nägemiseni, mina lähen.

- Kas sa ootad veel, Sirje?
- Jah, ootan küll.
- Miks?
- Ma ei tea. Ma istun ja ootan.
- Sirje istub ja ootab. Aga mina lähen ära.
- Nad istuvad ja ootavad. Ma ei saa aru.
- Ma saan aru küll.

Glossar

Verben

aru saama, aru saada, saan aru	verstehen
istuma, istuda, istun	sitzen
minema, minna, lähen	gehen
olema, olla, olen	sein
ootama, oodata, ootan	warten
teadma, teada, tean	wissen

Substantive, Namen

aru, aru, aru, arusid	Verstand, Vernunft
Arvo, Arvo, Arvot	(männlicher Vorname)
Ants, Antsu, Antsu	(männlicher Vorname)
härra, härra, härrat, härrasid	Herr
Mart, Mardi, Marti	(männlicher Vorname)
Mati, Mati, Matit	(männlicher Vorname)
Peeter, Peetri, Peetrit	(männlicher Vorname)
proua, proua, prouat, prouasid	Dame, Frau (in der Anrede)
Sirje, Sirje, Sirjet	(weiblicher Vorname)
Virve, Virve, Virvet	(weiblicher Vorname)

Adjektive

hea, hea, head, häid	gut

Kleine Wörter

aga	aber
ahaa	aha
ei	nein, nicht
ja	und
jah	ja
ka	auch
kas	(Einleitung von Fragen); ob
kes, kelle, keda	wer
kohtumiseni	auf Wiedersehen
kuidas	wie; wie bitte
küll	allerdings, wohl, ja, schon, gewiß
meie / me, meie / me, meid	wir
miks	warum
mina / ma, minu / mu, mind	ich
mitte	nicht
nemad / nad, nende, neid	sie
noh	naja, nun, also dann

nägemiseni	auf Wiedersehen
nüüd	jetzt
oo	oh
see, selle, seda	diese, dieser, dies, es
siis	also; dann
sina / sa, sinu / su, sind	du
teie / te, teie / te, teid	ihr; Sie
tema / ta, tema / ta, teda	sie, er
tere	hallo, guten Tag
tervist	hallo, sei(d) gegrüßt
veel	noch
ära	weg

Ausdrücke

head aega	auf Wiedersehen
head ööd	gute Nacht
miks mitte	warum nicht
tere hommikust	guten Morgen
tere päevast	guten Tag
tere õhtust	guten Abend

Übungen

1. Setzen Sie die korrekte Form des Hilfsverbs ein:

Mina (olema) Ants.	Mina olen Ants.
Tema (olema) Ants.	Tema on Ants.
Kes te (olema)?	Kes te olete?
Kas sa (olema) Virve?	Kas sa oled Virve?
Meie (olema) Ants ja Mati.	Meie oleme Ants ja Mati.
Sa (olema) siis Viivi.	Sa oled siis Viivi.
Nemad (olema) härra ja proua K.	Nemad on härra ja proua K.
Kes (olema) Mati?	Kes on Mati?
Me (olema) Kapp ja Linnamäe.	Me oleme Kapp ja Linnamäe.
Kas teie (olema) härra Sepp?	Kas teie olete härra Sepp?
Ma (olema) Peeter.	Ma olen Peeter.
Ahaa, sina (olema) Peeter.	Ahaa, sina oled Peeter.

2. Verneinen Sie die Sätze:

Mina olen Ants.	Mina ei ole Ants.
Tema on Ants.	Tema ei ole Ants.
Kas sa oled Virve?	Kas sa ei ole Virve?

Meie oleme Ants ja Mati.   Meie ei ole Ants ja Mati.
Sa oled Viivi.   Sa ei ole Viivi.
Nemad on härra ja proua K.   Nemad ei ole härra ja proua K.
Me oleme Kapp ja Linnamäe.   Me ei ole Kapp ja Linnamäe.
Kas teie olete härra Sepp?   Kas teie ei ole härra Sepp?
Ma olen Peeter.   Ma ei ole Peeter.
Ahaa, sa oled Peeter.   Ahaa, sa ei ole Peeter.

3. Setzen Sie die korrekte Form des Verbs ein:

Me (minema) nüüd ära.   Me läheme nüüd ära.
Mina (minema) ka ära.   Mina lähen ka ära.
Virve (ootama).   Virve ootab.
Meie (istuma).   Meie istume.
Sina (saama) aru.   Sina saad aru.
Meie (ootama) ka.   Meie ootame ka.
Nad (saama) aru.   Nad saavad aru.
Kas sa (istuma)?   Kas sa istud?
Kas teie (minema) ära?   Kas teie lähete ära?
Aga te (saama) aru küll.   Aga te saate aru küll.
Miks sa (ootama)?   Miks sa ootad?
Tema (teadma).   Tema teab.
Kas ma (teadma)?   Kas ma tean?
Nemad (ootama) ka.   Nemad ootavad ka.

4. Verneinen Sie die Sätze:

Me läheme ära.   Me ei lähe ära.
Mina lähen ära.   Mina ei lähe ära.
Virve ootab.   Virve ei oota.
Meie istume.   Meie ei istu.
Sina saad aru.   Sina ei saa aru.
Meie ootame.   Meie ei oota.
Nad saavad aru.   Nad ei saa aru.
Kas sa istud?   Kas sa ei istu?
Kas teie lähete ära?   Kas teie ei lähe ära?
Te saate aru.   Te ei saa aru.
Miks sa ootad?   Miks sa ei oota?
Tema teab.   Tema ei tea.
Kas ma tean?   Kas ma ei tea?
Nemad ootavad.   Nemad ei oota.

5. Setzen Sie das korrekte Personalpronomen ein:

____ lähen ära.	Ma lähen ära.
Kas ____ olete Mati ja Viivi?	Kas te olete Mati ja Viivi?
____ on Arvo ja Mart.	Nad on Arvo ja Mart.
____ oled siis Virve.	Sa oled siis Virve.
____ oleme härra ja proua K.	Me oleme härra ja proua K.
____ on Ants Raid.	Ta on Ants Raid.
____ ootame veel.	Me ootame veel.
____ istuvad.	Nad istuvad.
Kas ____ saad aru?	Kas sa saad aru?
Jah, ____ saan aru küll.	Jah, ma saan aru küll.
Kas ____ teab?	Kas ta teab?
____ lähete nüüd ära.	Te lähete nüüd ära.

6. Bilden Sie aus den folgenden Sätzen Fragesätze:

Sa oled Ants.	Kas sa oled Ants?
Meie läheme ära.	Kas meie läheme ära?
Ootame.	Kas ootame?
Ma ei lähe ära.	Kas ma ei lähe ära?
Te olete härra ja proua Sepp.	Kas te olete härra ja proua Sepp?

7. Schreiben Sie das estnische Alphabet auf!

a b (c) d e f g h i j k l m n o p (q) r s š z ž t u v (w) õ ä ö ü (x) (y)

8. Verwenden Sie den zur Uhrzeit passenden Gruß bzw. Wunsch:

6.30 h	tere hommikust
10.45 h	tere päevast
18.50 h	tere õhtust
0.20 h	head ööd

LEKTION 2

Grammatik

GWE: Genitiv, Genus, Grundform, Interrogativpronomen, Possessivpronomen, Stamm

Genitiv (gen)

Der Genitiv ist gleichzeitig der Stamm eines Substantivs oder Adjektivs. Er endet immer auf einen Vokal, an ihn werden fast alle Suffixe für die weiteren 12 Kasus angefügt. Er sollte daher immer mitgelernt werden. Bei einsilbigen Wörtern kann jeder Vokal auftreten. Als Vokal der 2. Silbe können bei rein estnischen Wörtern nur **a**, **e**, **i**, und **u** vorkommen. Bei Fremdwörtern sind u.U. auch andere Vokale zulässig, fremdsprachige Wörter verwenden als zur Bildung weiterer Kasus notwendigen Vokal ein **i**, z.B. **Göttingen**, Genitiv **Göttingeni**.

Der Genitiv ist der die Besitzerin bzw. den Besitzer anzeigende Kasus (wie im Deutschen) und wird dann dem Beziehungswort vorangestellt, er ist ferner Objektkasus, da es morphologisch keinen Akkusativ gibt, und er ist Bezugskasus vor Postpositionen. Endet ein Wort auf einen Vokal, so ist der Nominativ häufig (keineswegs immer!) gleich dem Genitiv. Den im Genitiv zutage tretenden Vokal nennt man Stammvokal.

nom	*gen*	*Stammvokal (bzw. Änderung der Lautgestalt)*
suur	**suure**	$\varnothing \to$ **e**
Tallinn	**Tallinna**	$\varnothing \to$ **a**
hotell	**hotelli**	$\varnothing \to$ **i**
Tartu	**Tartu**	**u** $\to$ **u**
eestlane	**eestlase**	**ne** $\to$ **se**
õpetaja	**õpetaja**	**a** $\to$ **a**
raamat	**raamatu**	$\varnothing \to$ **u**
nimi	**nime**	**i** $\to$ **e**
tore	**toreda**	$\varnothing \to$ **da**

Possessivpronomen

Das Possessivpronomen ist folgerichtig nichts anderes als die Genitivform des Personalpronomens, auch hier gibt es Kurzformen:

1.Person	**minu / mu**	mein	**meie / me**	unser
2.Person	**sinu / su**	dein	**teie / te**	euer, Ihr
3.Person	**tema / ta**	ihr, sein	**nende**	ihr

Bei besonderer Hervorhebung und bei nichtattributivem Gebrauch wird dem Possessivpronomen das Adjektiv **oma** 'eigen' nachgestellt. Dieses kann nötigenfalls auch flektiert werden:

Kelle oma see on	Wem gehört das? (Wessen eigenes ist das?)
See on minu oma.	Das ist meins.

Ebenso wird bei Übereinstimmung von Subjekt und Besitzerin bzw. Besitzer in einem Satz statt der persönlichen Form für alle drei Personen im Singular und Plural immer nur **oma** verwendet:

Võtan oma raamatu.	Ich nehme mein Buch.
Võtan sinu raamatu.	Ich nehme dein Buch.
Võtad oma raamatu.	Du nimmst dein Buch.
Võtad minu raamatu.	Du nimmst mein Buch.
Tema võtab oma raamatu.	Sie nimmt ihr Buch; er nimmt sein Buch.
Ta võtab tema raamatu.	Er nimmt ihr Buch; sie nimmt sein Buch; er nimmt sein (eines anderen) Buch; sie nimmt ihr (einer anderen) Buch.

Im letzten Fall besagt der Gebrauch von **tema** statt **oma**, daß Subjekt und Besitzerin bzw. Besitzer nicht identisch sind, der Satz kann also auf vier verschiedene Arten übersetzt werden.

Text

- Tere, Ants.
- Tere, Mati. Kas see on sinu laud?
- Kuidas?
- See laud siin, kas see on sinu oma?
- Kuidas? Minu laud? Ei, siin on minu raamat ja see on minu koht, aga see laud ei ole minu oma.

- Kelle oma see on?
- Ma ei tea.

- Tere, Sirje!
- Tere, Ants ja Mati.
- Sirje, kas sa tead, kelle laud see on?
- See laud ... ma ei tea, aga arvan, et see on sinu raamat.
- Kelle oma?
- Sinu oma, Antsu oma.
- Ei ole, see on Mati raamat. Minu raamat on seal.
- Ja siin on ka Mardi raamat ja Peetri raamat.
- Hea küll, aga kelle laud see on?
- Oh jumal, ma tõesti ei tea!

- Tere, kuidas on sinu nimi?
- Minu nimi on Piret.
- Piret on ilus nimi.
- Jah, see on Piret, see on minu õde.
- Kelle õde?
- Piret on Mati õde.
- Piret on ka Arvo õde.
- Siis on ta meie õde.
- Jah, Arvo ja Mati, saan aru, ta on teie õde.

- Aga mis on teie venna nimi?
- Minu venna nimi on Mart.
- Meie venna nimi on Mart.
- Kas teie venna nimi on tõesti Mart?
- On küll, miks ka mitte?
- Ma ei tea, aga tema venna nimi on ka Mart.
- Pireti vend on samuti Mart.
- Kui tore, siis oleme nagu üks suur perekond!

- Piret, kas see siin on sinu ajaleht?
- Ei ole, see on nende oma.
- Kelle oma?
- See on Arvo ja Mati ajaleht.
- Kas see on tõesti teie ajaleht?
- On küll, aga mis *see* on?
- See on meie raamat, mitte teie oma.
- See on siis nende raamat, aga ajaleht on meie oma.

- Mis on selle ajalehe nimi?
- Selle nimi on „Päevaleht". Aga mis on tolle ajalehe nimi?
- Too ajaleht on „Õhtuleht".
- Ja see on paks romaan. See on romaan „Keisri hull".
- Aga too raamat, mis too on?
- See on piibel.

- Mis see seal on?
- See siin? See on foto. Jah, kui ilus pilt! See on suur maja, see on hotell.
- Kelle hotell see on? Kas see on sinu isa oma?
- Ei, see on minu ema hotell. See väike maja siin on minu isa maja.
- Kas selle hotelli nimi on „Eesti"?
- Jah, on küll. Aga selle väikese maja nimi on „Saaremaa".
- Kuidas on teie maja nimi?
- Meie pere maja nimi on... ma ei tea. See pole tähtis.
- Kuidas nii, et pole tähtis?
- Kui pole tähtis, siis pole tähtis!

- Kas Ants on õpetaja?
- Ei ole, aga Piret on õpetaja.
- Kuidas? Kas Piret on õpetaja?
- Jah, tema on õpetaja, aga Ants mitte.
- Kas Piret on teie õpetaja?
- Ei, ta on meie ja nende õpetaja.
- Kes on teie õpetaja?
- Meie õpetaja on Sirje.

Glossar

Verben

arvama, arvata, arvan	glauben, meinen
võtma, võtta, võtan	nehmen

Substantive, Namen

ajaleht, ajalehe, ajalehte, ajalehti	Zeitung
Eesti, Eesti, Eestit	Estland
ema, ema, ema, emasid	Mutter
foto, foto, fotot, fotosid	Photographie
hotell, hotelli, hotelli, hotelle	Hotel
hull, hullu, hullu, hulle	Verrückte/r
isa, isa, isa, isasid	Vater
jumal, jumala, jumalat, jumalaid	Gott
keiser, keisri, keisrit, keisreid	Kaiser, Zar

koht, koha, kohta, kohti	Platz, Ort, Stelle
laud, laua, lauda, laudu	Tisch
leht, lehe, lehte, lehti	Blatt, Zeitung
maja, maja, maja, maju	Haus
nimi, nime, nime, nimesid	Name, Bezeichnung
pere, pere, peret, peresid	Familie
perekond, -konna, -konda, -kondi	Familie
piibel, piibli, piiblit, piibleid	Bibel
pilt, pildi, pilti, pilte	Bild
Piret, Pireti, Piretit	(weiblicher Vorname)
päev, päeva, päeva, päevi	Tag
raamat, raamatu, raamatut, raamatuid	Buch
romaan, romaani, romaani, romaane	Roman
Saaremaa, Saaremaa, Saaremaad	Saaremaa (größte Insel Estlands)
vend, venna, venda, vendi	Bruder
õde, õe, õde, õdesid	Schwester
õhtu, õhtu, õhtut, õhtuid	Abend
õpetaja, õpetaja, õpetajat, õpetajaid	Lehrer/in

Adjektive

hull, hullu, hullu, hulle	verrückt
ilus, ilusa, ilusat, ilusaid	schön
paks, paksu, paksu, pakse	dick
suur, suure, suurt, suuri	groß
tore, toreda, toredat, toredaid	schön, toll, fein, prächtig
tähtis, tähtsa, tähtsat, tähtsaid	wichtig
väike(ne), väik(e)se, väikest, väikseid	klein

Kleine Wörter

et	daß
kui	wie, als, wenn; was für ein
minu	mein
mis, mille, mida	was
nagu	wie, gleichsam wie, als ob
nende	ihr
nii	so, auf diese Weise
meie	unser
oh	oh, ach
oma	eigen (sowie Possessivpronomen für alle Personen)
samuti	ebenfalls
seal	dort, da
siin	hier
sinu	dein
teie	euer; Ihr
too, tolle, toda, noid	jenes, jene, jener

tõesti	wirklich, wahrhaftig
üks, ühe, üht(e)	eins; eine, einer, ein

Ausdrücke

pole	= ei ole

Übungen

1. Setzen Sie das eingeklammerte Wort in den Genitiv:

See on (Mati) raamat.	See on Mati raamat.
See on (Mart) raamat.	See on Mardi raamat.
See on (Ants) raamat.	See on Antsu raamat.
Mis on sinu (vend) nimi?	Mis on sinu venna nimi?
Kuidas on sinu (õde) nimi?	Kuidas on sinu õe nimi?
(Ajaleht) nimi on „Päevaleht".	Ajalehe nimi on „Päevaleht".
(Raamat) nimi on „Keisri hull".	Raamatu nimi on „Keisri hull".
(Perekond) nimi on Sepp.	Perekonna nimi on Sepp.

2. Setzen Sie das korrekte Possessivpronomen ein:

See on (mina) hotell.	See on minu hotell.
Too on (teie) raamat.	Too on teie raamat.
Kas (sina) nimi on Ants?	Kas sinu nimi on Ants?
(Meie) raamat on seal.	Meie raamat on seal.
(Nad) raamat on paks.	Nende raamat on paks.
Kas see on (mina) ajaleht?	Kas see on minu ajaleht?
Kas (teie) nimi on Sepp?	Kas teie nimi on Sepp?
Kas see on (tema) foto?	Kas see on tema foto?
(Sina) hotelli nimi on „Eesti".	Sinu hotelli nimi on „Eesti".
See ei ole (meie) laud.	See ei ole meie laud.
Kas (ta) nimi on Piret?	Kas ta nimi on Piret?
(Nad) perekond on suur.	Nende perekond on suur.

3. Setzen Sie die korrekte Form des Verbs ein:

Kas sinu nimi (olema) Ants?	Kas sinu nimi on Ants?
Minu nimi ei (olema) Ants.	Minu nimi ei ole Ants.
Sina (olema) Peeter.	Sina oled Peeter.
Kas sa (saama) aru?	Kas sa saad aru?
Kas sa ei (saama) aru?	Kas sa ei saa aru?
Miks nad ei (saama) aru?	Miks nad ei saa aru?

Me (ootama). Me ootame.
Aga miks te ära (minema)? Aga miks te ära lähete?
Ma ei (teadma). Ma ei tea.
Nemad (ootama) ka. Nemad ootavad ka.
Aga mina (istuma) siin. Aga mina istun siin.
Kas sina (arvama) nii? Kas sina arvad nii?

4. Verneinen Sie die folgenden Sätze:

Piret, kas see on sinu ajaleht? Piret, kas see pole sinu ajaleht?
See on Antsu raamat. See ei ole Antsu raamat.
Minu raamat on seal. Minu raamat ei ole seal.
Piret on minu õde. Piret ei ole minu õde.
Mina arvan, et see on hea. Mina ei arva, et see on hea / Mina arvan, et see ei ole hea.

Meie teame. Meie ei tea.
Nad teavad, et see on ilus. Nad ei tea, et see on ilus / Nad teavad, et see pole ilus.

Kas sa tead, et minu nimi on Ants? Kas sa ei tea, et minu nimi on Ants? / Kas tead, et minu nimi pole Ants?

Meie läheme nüüd tõesti ära. Meie ei lähe nüüd tõesti ära.
Kas teie olete proua Sepp? Kas teie pole proua Sepp?

5. Setzen Sie das korrekte Pronomen ein (Personal- oder Possessivpronomen):

_____ tean, et (sa) nimi on Ants. Ma tean, et su nimi on Ants.
_____ läheme nüüd ära. Meie läheme nüüd ära.
Kas _____ on (sina) vend? Kas ta on sinu vend?
Jah, _____ olete õde ja vend. Jah, teie olete õde ja vend.
Aga _____ oleme perekond Sepp. Aga meie oleme perekond Sepp.
Kas see on (sina) raamat. Kas see on sinu raamat?
_____ arvavad, et ___ oled Ants. Nad arvavad, et sa oled Ants.
_____ ootame siin. Meie ootame siin.
Kas _____ teab? Kas ta teab?
Aga kas _____ teame? Aga kas meie teame?

6. Bilden Sie den Singular Genitiv zu den folgenden Wörtern:

ajaleht ajalehe
aru aru
ema ema
foto foto
hea hea

hotell	hotelli
hull	hullu
härra	härra
ilus	ilusa
isa	isa
jumal	jumala
keiser	keisri
koht	koha
laud	laua
leht	lehe
maja	maja
nimi	nime
paks	paksu
perekond	perekonna
piibel	piibli
pilt	pildi
proua	proua
päev	päeva
raamat	raamatu
romaan	romaani
suur	suure
too	tolle
tore	toreda
tähtis	tähtsa
vend	venna
väike	väikese / väikse
õde	õe
õhtu	õhtu
õpetaja	õpetaja

LEKTION 3

Grammatik

GWE: Attribut, Komitativ, Kongruenz, Nominativ, Prädikat, Prädikativ, Subjekt

Nominativ (nom)

Der Nominativ ist die Grundform des Nomens. Er wird stets im Wörterbuch angegeben. Er ist suffixlos, d.h. im Nominativ kann ein Wort im Prinzip auf jeden Laut enden. Er ist in erster Linie Subjekt- und Prädikatsnomenkasus, kann aber in einigen Fällen auch Objektkasus sein.

Im Estnischen gibt es keinen Artikel, so daß der Nominativ eines Wortes stets auf dreierlei Weise übersetzt werden kann:

raamat = das Buch, ein Buch, Buch

Der Plural Nominativ hat das Suffix **-d**, das an den Stamm (= sg gen) angefügt wird.

sg nom	*sg gen*	*pl nom*	
asi	asja	asjad	Sachen
rong	rongi	rongid	Züge
raamat	raamatu	raamatud	Bücher
mõte	mõtte	mõtted	Gedanken
sõit	sõidu	sõidud	Fahrten
suur	suure	suured	die großen
laps	lapse	lapsed	Kinder

Komitativ (kom)

Endung **-ga**. Im Komitativ steht ein Gegenstand, mit dem etwas gemacht wird, eine Person, die einen begleitet, mit der man zusammen ist oder etwas zusammen macht. Oft übernimmt er die Funktion eines Instrumentals:

Kellega? Millega?   Mit wem? Womit?

sg nom	*sg gen*	*sg kom*	
raamat	raamatu	raamatuga	mit dem Buch
buss	bussi	bussiga	mit dem Bus
probleem	probleemi	probleemiga	mit einem Problem
valgus	valguse	valgusega	mit Licht

Attribut

Das Attribut ist eine nähere Bestimmung von nominalen Satzgliedern, die aus einem Adjektiv oder einem Substantiv in einem bestimmten Kasus bestehen kann und *vor* dem Substantiv steht. Wenn es aus einem Adjektiv besteht, steht es normalerweise im gleichen Kasus und Numerus wie das zugehörige Substantiv:

suur laps	ein großes Kind
suure lapse	des großen Kindes
suured lapsed	die großen Kinder

Im Komitativ kongruiert das Attribut hingegen nicht, sondern steht im Genitiv:

selle__ suure__ lapsega	mit diesem großen Kind

Text

- Tere, Ants!
- Tere, Mati! Kas see ilus raamat on sinu oma?
- Kuidas?
- Kas see raamat pole siis ilus?
- On ilus küll, aga see ei ole minu oma.
- Kelle oma ta siis on?
- Ma tõesti ei tea.

- Tere, Virve! Millega sa mängid?
- Ma mängin valgusega.
- Valgusega?
- Jah, valgusega.
- Kuidas sa mängid valgusega?
- Seal on aken, päike paistab. Valgus tuleb sisse ja sellega ma mängin.
- Aga kas pole liiga soe?
- On küll soe, aga see on väga huvitav mäng.

- Tere, Sirje! Kellega sa mängid?
- Mängin oma vennaga. Ta on alles nii noor.
- Noored vennad on kenad, eks ole?
- Ei, asi pole nii lihtne.
- Miks mitte?
- Noored õed on ka kenad!
- Jah, muidugi. Aga Epp pole enam nii väike.

- See on tõsi.

- Ants, kas sa lähed ära?
- Jah, lähen ära, nüüd aitab.
- Millega sa ära sõidad?
- Ma sõidan rongiga.
- Kas see on pikk sõit?
- Ei ole, see on üsna lühike sõit.
- Miks sa ei sõida autoga?
- Ma ei taha.
- Aga bussiga?
- Siin ei sõida buss. Ega laev ka mitte. Ja ma ei lenda ka.

- Need laevad on nii ilusad. Miks sa ei lähe laevaga?
- Ma ei saa ju! Selline on minu olukord. Rong juba ootab.
- Hästi, lähed siis rongiga, aga mina ei tule kaasa.
- Aga miks mitte? Jaam on nii lähedal.
- Hea küll, ma tulen siis kaasa.

- Kas kõik rongid on nii puhtad?
- Ei ole, mõned on ka väga mustad.
- Eriti nõukogude rongid.
- Noh, eesti omad on mõnikord ka väga mustad.
- See on tõsi.
- Küll on ilus mõte: nõukogude asjad on mustad, eesti omad on puhtad, aga päris nõnda see ka ei ole.

- Kas lapsed on ka siin?
- Ei, nad ei tule kaasa, nad on haiged.
- Kas kõik on haiged?
- Ei, mitte kõik. Ants on terve.
- Muud on haiged, nii see elu käib.
- Kui kurb! Sirje ja Epp on haiged, ainult Ants on terve.

- Küll me sõidame ilusa rongiga!
- Kus on Mati?
- Ta sõidab oma autoga.
- Kas too valge auto seal on tema oma?
- Ei, tema uus auto on sinine.
- Kas ta sõidab sinise autoga?
- Sõidab küll, miks mitte?

- Kas tõesti tolle suure sinise autoga? Mina sõidan ainult punase autoga. Minu ja minu isa autod on punased.
- Aga minu õe auto on kollane.
- See rong siin on roheline – on see alles ilus!

Glossar

Verben

aitama, aidata, aitan	helfen; ausreichen, genug sein
käima, käia, käin	gehen, im Gange sein, laufen
lendama, lennata, lendan	fliegen
mängima, mängida, mängin	spielen
paistma, paista, paistan	scheinen, leuchten, sichtbar sein
piisama, piisata, piisan	hinreichen, reichen, genügen
saama, saada, saan	können; erhalten, bekommen
sõitma, sõita, sõidan	fahren, reisen
tahtma, tahta, tahan	wollen, wünschen
tulema, tulla, tulen	kommen

Substantive, Namen

aken, akna, akent, aknaid	Fenster
asi, asja, asja, asju	Sache, Ding, Angelegenheit
auto, auto, autot, autosid	Auto
buss, bussi, bussi, busse	Omnibus
elu, elu, elu, elusid	Leben
Epp, Epu, Eppu	(weiblicher Vorname)
haige, haige, haiget, haigeid	Kranke/r, Patient/in
jaam, jaama, jaama, jaamasid	Bahnhof, Station
laev, laeva, laeva, laevu	Schiff
laps, lapse, last, lapsi	Kind
mõte, mõtte, mõtet, mõtteid	Gedanke, Idee
mäng, mängu, mängu, mängusid	Spiel
nõukogu, nõukogu, nõukogu, nõukogusid	Rat, Kollegium, Sowjet
olukord, olukorra, olukorda, olukordi	Situation, Lage, Zustand
päike(ne), päikese, päikest, päikesi	Sonne
rong, rongi, rongi, ronge	Zug
sõit, sõidu, sõitu, sõite	Reise, Fahrt
tõde, tõe, tõde, tõdesid	Wahrheit
tõsi, tõe, tõtt, tõsi	Wahrheit; wahr
valgus, valguse, valgust, valgusi	Licht

Adjektive

haige, haige, haiget, haigeid	krank
huvitav, huvitava, huvitavat, huvitavaid	interessant

kena, kena, kena, keni	nett, niedlich, schön, hübsch
kollane, kollase, kollast, kollaseid	gelb
kurb, kurva, kurba, kurbi	traurig, betrübt
lihtne, lihtsa, lihtsat, lihtsaid	leicht, einfach, gewöhnlich
lõbus, lõbusa, lõbusat, lõbusaid	lustig, vergnügt, fröhlich
lühike(ne), lühikese, lühikest, lühikesi	kurz
must, musta, musta, musti	schwarz; dreckig, schmutzig
noor, noore, noort, noori	jung
pikk, pika, pikka, pikki	lang, andauernd
puhas, puhta, puhast, puhtaid	sauber, rein, klar
punane, punase, punast, punaseid	rot
roheline, rohelise, rohelist, rohelisi	grün
sinine, sinise, sinist, siniseid	blau
soe, sooja, sooja, sooje	warm
terve, terve, tervet, terveid	gesund, ganz, heil
uus, uue, uut, uusi	neu
valge, valge, valget, valgeid	weiß, hell

Kleine Wörter

ainult	nur
alles	erst, noch
ega	und nicht, auch nicht; (Einleitung verneinter Sätze)
enam	mehr
eriti	besonders
hästi	gut (Adverb)
ju	doch, ja
juba	schon, bereits
kaasa	mit
kus	wo
kõik, kõige, kõike, kõiki	alles, ganz; pl alle
liiga	zu, übermäßig
lähedal	nahe, in der Nähe, nahebei
muidugi	natürlich
muu, muu, muud, muid	andere(r/s), sonstige(r/s)
mõni, mõne, mõnd(a)	manche, mancher, manches
mõnikord	manchmal
need, nende, neid	diese
nõnda	so
nõukogude	sowjetisch
päris	ziemlich, ganz, völlig
selline, sellise, sellist, selliseid	solch eine, so eine
sisse	hinein, herein
väga	sehr
üsna	ziemlich, recht, ganz

Ausdrücke

eks ole?   nicht wahr?

Übungen

1. Setzen Sie die eingeklammerten Wörter in den Komitativ:

Ma sõidan (buss).	Ma sõidan bussiga.
Ta mängib (Ants).	Ta mängib Antsuga.
Teie tulete (laev).	Teie tulete laevaga.
Me lendame (sina).	Me lendame sinuga.
Nad sõidavad (auto).	Nad sõidavad autoga.
(Mis) sa mängid?	Millega sa mängid?
(Kes) sa tuled?	Kellega sa tuled?
Kas tuled (rong)?	Kas tuled rongiga?
Nad mängivad (meie).	Nad mängivad meiega.
Oleme siin (perekond).	Oleme siin perekonnaga.
Lähen oma (laps) ära.	Lähen oma lapsega ära.
Tuleme (isa).	Tuleme isaga.

2. Setzen Sie das Prädikativ in den richtigen Numerus:

Need raamatud on (ilus).	Need raamatud on ilusad.
Minu õed on (väike).	Minu õed on väik(e)sed.
Minu ema on (suur).	Minu ema on suur.
Sinu vennad on (kena).	Sinu vennad on kenad.
Need lauad on (kollane).	Need lauad on kollased.
See leht on (must).	See leht on must.
Need majad on (punane).	Need majad on punased.

3. Setzen Sie die eingeklammerten Wörter in die korrekte Form:

Siin on (hea) raamat.	Siin on hea raamat.
Siin on ka (puhas) raamatud.	Siin on ka puhtad raamatud.
Seal on (ilus) lehed.	Seal on ilusad lehed.
Mängin (kollane auto).	Mängin kollase autoga.
Sõidan (punane rong).	Sõidan punase rongiga.
Tulen (roheline laev).	Tulen rohelise laevaga.
Lähen (väike õde) ära.	Lähen väik(e)se õega ära.
Tulen (oma noor ema).	Tulen oma noore emaga.
Kõik lapsed on (haige).	Kõik lapsed on haiged.
Sirje ja Epp on (kurb).	Sirje ja Epp on kurvad.
Need hotellid on väga (huvitav).	Need hotellid on väga huvitavad.
Kõik (laud) on (puhas).	Kõik lauad on puhtad.

4. Bilden Sie den Plural Nominativ zu den folgenden Wörtern:

ajaleht	ajalehed
aru	arud
ema	emad
foto	fotod
hea	head
hotell	hotellid
hull	hullud
härra	härrad
ilus	ilusad
isa	isad
jumal	jumalad
keiser	keisrid
laud	lauad
leht	lehed
maja	majad
nimi	nimed
paks	paksud
perekond	perekonnad
piibel	piiblid
pilt	pildid
proua	prouad
päev	päevad
raamat	raamatud
romaan	romaanid
suur	suured
tore	toredad
tähtis	tähtsad
vend	vennad
väike	väikesed / väiksed
õde	õed
õhtu	õhtud
õpetaja	õpetajad

LEKTION 4

Grammatik

GWE: Elativ, Illativ, Inessiv, Interrogativadverb, Lokalkasus, Modalpartikel, Namen, Parallelformen

Fragewörter

Zur Frage nach lokalen Bezügen werden die folgenden Wörter benutzt:

kus	wo
kuhu	wohin
kust	woher, woraus

Elativ (ela)

Endung **-st**, innerer Lokalkasus (Trennungskasus), der eine Bewegung aus dem Inneren heraus, eine Trennung von etwas, ein Material, aus dem etwas ist, oder einen Ausgangspunkt bezeichnet:

Kust? Kellest? Millest? Woher? Woraus? Aus wem? Wovon?

sg nom	*sg gen*	*sg ela*	
raamat	**raamatu**	**raamatust**	aus dem Buch
teater	**teatri**	**teatrist**	aus dem Theater
Göttingen	**Göttingeni**	**Göttingenist**	aus Göttingen

Illativ (ill)

Innerer Lokalkasus (Richtungskasus), der eine Bewegung in das Innere, eine Befestigung an etwas oder eine Beziehung zu etwas bezeichnet:

Kuhu? Kellesse? Millesse? Wohin? In wen? Wo hinein? In welches?

Abweichend von den anderen Kasus tritt der Illativ meistens in einer sogenannten *kurzen Form* auf und kann dabei verschiedene Endungen annehmen. Am häufigsten ist er dabei identisch mit dem Partitiv, bei manchen Worttypen tritt Gemination auf:

sg nom	*sg gen*	*sg ill/ kurze Form*	
linn	**linna**	**linna**	in die Stadt
hotell	**hotelli**	**hotelli**	ins Hotel

suur	suure	suurde	ins große
kool	kooli	kooli	in die Schule
kino	kino	kinno	ins Kino
küla	küla	külla	ins Dorf
maja	maja	majja	ins Haus
Hannover	Hannoveri	Hannoveri	nach Hannover

Als regelmäßig gilt die Endung **-sse** (oder Vokal, s.u.), die häufig parallel verwendet werden kann, bei einem Teil der Wörter aber die einzig mögliche Form ist:

sg nom	*sg gen*	*sg ill*	
raamat	raamatu	raamatusse	in das Buch
teater	teatri	teatrisse	ins Theater
kauplus	kaupluse	kauplusesse	in den Laden

Bei Wörtern vom letzteren Typ wird häufig auch die kürzere Form **kauplusse** verwendet. Dagegen finden die manchen Grammatiken zufolge bei vielen Wörtern ebenfalls möglichen längeren Formen wie zum Beispiel **külasse** oder **suuresse** praktisch keine Verwendung.

Inessiv (ine)

Endung **-s**, innerer Lokalkasus (Ruhekasus), der bezeichnet, wo (worin) sich jemand oder etwas befindet:

Kus? Kelles? Milles?	Wo? In wem? Worin?

sg nom	*sg gen*	*sg ine*	
raamat	raamatu	raamatus	im Buch
teater	teatri	teatris	im Theater
Hamburg	Hamburgi	Hamburgis	in Hamburg

Aufforderung

Die 1. Person Plural (Präsens Indikativ) wird häufig als Aufforderung an sich selbst verwendet, im Deutschen tritt dann Inversion ein:

küsime!	(wir fragen) Fragen wir!
läh(e)me!	(wir gehen) Gehen wir!

-gi/-ki

Diese Partikel hat die Bedeutung 'auch' oder dient lediglich der Hervorhebung des entsprechenden Wortes (im Deutschen häufig durch die Betonung wieder-gegeben). Sie kann an jedes Wort angefügt werden: **-gi** wird nach Vokalen und stimmhaften Konsonanten (**v, m, n, l, r, j**), **-ki** nach stimmlosen Konsonanten (**b, p, d, t, g, k, h, s**) verwendet:

Nemadki on siin.	Auch *sie* sind hier.
Nemad on siingi.	Sie sind sogar (auch) *hier*.
Nemad ongi siin.	Sie *sind* tatsächlich hier.

Text

- Tere hommikust, Virve!
- Tere hommikust, Mati.
- Virve, kus sa õieti elad?
- Ma elan Tallinnas, aga sina?
- Mina elan Tartus.
- Ah, sa oled hoopis Tartu elanik? Mitte Tallinna oma?
- Ei, ma elan Tartus, see on nii ilus linn.

- Aga kus Ants elab?
- Ma ei tea. Kas ta ei ela Pärnus?
- Võib-olla küll, küsime. Ants, kas sa elad Pärnus?
- Mina või? Ei, sa eksid, ma ei ela Pärnus. Elan Viljandis.
- Aga kus sa töötad?
- Olen õpetaja ja töötan koolis. Õpetan.
- Kas Viljandis?
- Ei, ühes väikeses külas, Mäekülas.

- Kus on Epp?
- Ta on veel koolis, aga ta tuleb varsti.
- Sealt ta juba saabubki.
- Epp, kust sa nüüd tuled?
- Ma tulen koolist.
- Kas tuled Mäekülast?
- Ei, minu kool ei ole Mäekülas, ma tulen praegu Tartust. Mu vanemad elavad ka Tartus.

- Jah, sa oled Tartust, see on selge.
- Miks?

- Noh, mina olen Tallinnast, aga sina oled Tartust.
- Aga Ants? Kas ta pole mitte Pärnust?
- Ei, see pole tõsi. Ta on Viljandist.
- Kas kõik siin on Eestist?
- Ei ole, mina näiteks olen Hamburgist.
- Ja mina olen Helsingist.

- Hästi, kuhu me nüüd läheme?
- Kõik koju!
- Ei, kõnnime veel natuke.
- Kuhu me siis kõnnime?
- Läheme näiteks sadamasse!
- Miks sinna? Läheme jaama! Ja pärast tuleme siia tagasi.
- Sõidame hoopis Viljandisse või Tallinna!
- Või otse Hamburgi...

- Jah, homme sõidan laevaga Tallinnast Helsingisse ja sealt edasi Hamburgi.
- Siit Tallinna ja siis Helsingisse?
- Miks mitte, see ei ole nii kallis sõit.
- Noh, aga see Hamburg on ikka üks kauge koht küll.
- Kohtun seal ühe sõbraga, pärast lahkun Hamburgist ja sõidan tagasi Tallinna.
- Kas nii lihtne see ongi?
- Kui on raha, ei ole see probleem.
- Oo, ma proovin ka: lähen jaama ja sõidan rongiga Viljandisse, sealt edasi Tallinna, Tallinnas sadamasse ja siis laevaga Helsingisse.
- Täpselt, ongi kogu lugu!

- Aga Helsingist Hamburgi on pikk sõit.
- Viljandist Tallinna on ka üsna pikk tee.
- Ma arvan, et mõlemad teed on pikad.
- Mina mõtlen ka.
- Jääme siis koju ja räägime siin ainult Hamburgist ja Tallinnast.
- Täpselt, oleme lihtsalt rõõmsad ja lõbusad inimesed!
- Kas me siis ei lähe ära?
- Ei lähe, jääme siia, siin on ilus loodus, linnud laulavad ja elu on hea! Läheme siin kinno ja teatrisse. Meie olukord pole üldse halb!

Glossar

Verben

eksima, eksida, eksin	sich irren
elama, elada, elan	wohnen, leben
jääma, jääda, jään	bleiben, verbleiben; werden
kohtuma, kohtuda, kohtun	sich treffen, zusammenkommen
kõndima, kõndida, kõnnin	gehen, spazieren
küsima, küsida, küsin	fragen
lahkuma, lahkuda, lahkun	verlassen, fortgehen, abreisen
laulma, laulda, laulan	singen
mõtlema, mõtelda / mõelda, mõtlen	denken
proovima, proovida, proovin	versuchen, probieren
rääkima, rääkida, räägin	reden, sprechen
saabuma, saabuda, saabun	ankommen, eintreffen
töötama, töötada, töötan	arbeiten
õpetama, õpetada, õpetan	lehren, unterrichten

Substantive, Namen

elanik, elaniku, elanikku, elanikke	Einwohner/in
Helsingi, Helsingi, Helsingit	Helsinki (Hauptstadt Finnlands)
inimene, inimese, inimest, inimesi	Mensch
kino, kino, kino, kinosid	Kino
kool, kooli, kooli, koole	Schule
küla, küla, küla, külasid	Dorf
lind, linnu, lindu, linde	Vogel
linn, linna, linna, linnasid	Stadt
loodus, looduse, loodust, loodusi	Natur
lugu, loo, lugu, lugusid	Geschichte, Angelegenheit
Mäeküla, Mäeküla, Mäeküla	Mäeküla (Dorf in Estland)
näide, näite, näidet, näiteid	Beispiel
Pärnu, Pärnu, Pärnut	Pärnu (Stadt in Estland)
probleem, probleemi, probleemi, probleeme	Problem
raha, raha, raha, rahasid	Geld
sadam, sadama, sadamat, sadamaid	Hafen
sõber, sõbra, sõpra, sõpru	Freund
Tallinn, Tallinna, Tallinna	Tallinn (Hauptstadt Estlands)
Tartu, Tartu, Tartut	Tartu (Stadt in Estland)
teater, teatri, teatrit, teatreid	Theater
tee, tee, teed, teid	Weg, Strecke, Straße
vanemad, vanemate, vanemaid	Eltern
Viljandi, Viljandi, Viljandit	Viljandi (Stadt in Estland)

Adjektive

halb, halva, halba, halbu	schlecht
kallis, kalli, kallist, kalleid	teuer, lieb
kauge, kauge, kauget, kaugeid	fern, weit, entlegen
rõõmus, rõõmsa, rõõmsat, rõõmsaid	froh, fröhlich, lustig
selge, selge, selget, selgeid	klar, deutlich
vana, vana, vana, vanu	alt

Kleine Wörter

edasi	weiter
-gi/-ki	auch, schon, sogar
homme	morgen
hoopis	ganz, ganz und gar, völlig, bedeutend, viel
ikka	immer, stets, schon, doch
-ki/-gi	auch, schon, sogar
kogu	ganz, gesamt
koju	nach Hause
kuhu	wohin
kust	woher
lihtsalt	einfach; bloß
mõlemad, mõlemate, mõlemaid	beide
natuke(ne), natukese, natukest	ein wenig, etwas, ein bißchen
näiteks	zum Beispiel
otse	direkt, gerade, geradezu
praegu	gerade, im Moment, derzeit
pärast	später
sealt	von dort
siia	hierher
siit	von hier
sinna	dorthin
tagasi	zurück
täpselt	genau, pünktlich
varsti	bald
või	oder
võib-olla	vielleicht
õieti	eigentlich, recht, richtig
üldse	überhaupt

Übungen

1. Setzen Sie die eingeklammerten Wörter in den Inessiv:

Mina elan (Pärnu).	Mina elan Pärnus.
Ma olen praegu (kool).	Ma olen praegu koolis.

Sa töötad (Tallinn).	Sa töötad Tallinnas.
Kas elate (Hamburg)?	Kas elate Hamburgis?
Meie elame (Tartu).	Meie elame Tartus.
Rong on (jaam).	Rong on jaamas.
Kas laev on juba (sadam)?	Kas laev on juba sadamas?
Nad töötavad (Viljandi).	Nad töötavad Viljandis.
Istume juba (auto).	Istume juba autos.
Ta elab (ilus maja).	Ta elab ilusas majas.
Te olete praegu (Eesti).	Te olete praegu Eestis.
Elan (see maja).	Elan selles majas.

2. Setzen Sie die eingeklammerten Wörter in den Elativ:

Sina tuled (Pärnu).	Sina tuled Pärnust.
Ma lähen (kool) ära.	Ma lähen koolist ära.
Sa oled (Tallinn).	Sa oled Tallinnast.
Kas tulete (Hamburg)?	Kas tulete Hamburgist?
Meie oleme (Tartu).	Meie oleme Tartust.
Rong sõidab (jaam) ära.	Rong sõidab jaamast ära.
Kas laev lahkub (sadam)?	Kas laev lahkub sadamast?
Nad tulevad (Viljandi).	Nad tulevad Viljandist.
Lahkume (auto).	Lahkume autost.
Ta tuleb (see ilus maja).	Ta tuleb sellest ilusast majast.
Te lahkute praegu (Eesti).	Te lahkute praegu Eestist.
Tuleme (teater) koju.	Tuleme teatrist koju.

3. Setzen Sie die eingeklammerten Wörter in den Illativ:

Mina sõidan (Pärnu).	Mina sõidan Pärnusse.
Ma lähen nüüd (kool).	Ma lähen nüüd kooli.
Sa lähed (Tallinn).	Sa lähed Tallinna.
Kas sõidad (Hamburg)?	Kas sõidad Hamburgi?
Meie tahame (Tartu).	Meie tahame Tartusse.
Rong saabub juba (jaam).	Rong saabub juba jaama.
Kas laev tuleb (sadam)?	Kas laev tuleb sadamasse?
Nad kõnnivad (Viljandi).	Nad kõnnivad Viljandisse.
Läheme juba (auto).	Läheme juba autosse.
Ta läheb (maja).	Ta läheb majja.
Te lendate (Eesti).	Te lendate Eestisse.
Lähen (kino).	Lähen kinno.

4. Setzen Sie das eingeklammerte Verb und das eingeklammerte Substantiv jeweils
   in die richtige Form:

Mina (istuma) praegu (rong).	Mina istun praegu rongis.
Te (minema) homme (Tallinn).	Te lähete homme Tallinna.
Nad (olema) nüüd (Viljandi).	Nad on nüüd Viljandis.
Sa (tulema) (Tartu).	Sa tuled Tartust.
Meie (elama) (Hamburg).	Meie elame Hamburgis.
Tema (sõitma) (Pärnu).	Tema sõidab Pärnusse.
Ta (minema) (Viljandi) ära.	Ta läheb Viljandist ära.
Me (olema) nüüd (Tartu).	Me oleme nüüd Tartus.
Ma (sõitma) (laev).	Ma sõidan laevaga.
Me (minema) (kino).	Me läheme kinno.
Nad (istuma) (teater).	Nad istuvad teatris.
Rong (sõitma) (jaam) ära.	Rong sõidab jaamast ära.
Ema (minema) (Viljandi).	Ema läheb Viljandisse.
Elan (see väike küla).	Elan selles väikeses külas.
Tema (töötama) (suur kool).	Tema töötab suures koolis.
Nad (elama) (uus maja).	Nad elavad uues majas.
Mina (sõitma) varsti (Helsingi).	Mina sõidan varsti Helsingisse.
Te (töötama) (üks vana maja).	Te töötate ühes vanas majas.
Sina (kohtuma) (sõber).	Sina kohtud sõbraga.
Sina (kohtuma) (sõber) (Tallinn).	Sina kohtud sõbraga Tallinnas.
Mina (sõitma) (laev) (Helsingi).	Mina sõidan laevaga Helsingisse.
(Kes) sina kohtud (Tallinn)?	Kellega sina kohtud Tallinnas?
Kas te (elama) (Pärnu)?	Kas te elate Pärnus?

LEKTION 5

Grammatik

GWE: da-Infinitiv, ma-Infinitiv, Stufenwechsel

da-Infinitiv

Es gibt im Estnischen zwei Infinitive im Präsens Aktiv, die nach ihren unterschiedlichen Endungen bezeichnet werden: **da**-Infinitiv und **ma**-Infinitiv. Der **da**-Infinitiv ist eine der Grundformen des Verbs, er endet auf **-da**, **-ta**, **-la**, **-na**, **-ra**, **-ha** oder **-pa**. Er hat deutlich substantivischen Charakter und kann verschiedene Funktionen im Satz übernehmen (Subjekt, Objekt, Adverbiale, Attribut, Prädikativ). Er steht in der Regel nach Verben (und Adjektiven), die ein Wollen, Können, Fühlen, Denken oder Streben ausdrücken:

Ma tahan laulda.	Ich will singen.
Kas nad võivad tulla?	Können sie kommen?
Ta ei saa aidata.	Sie kann nicht helfen.

ma-Infinitiv

Der **ma**-Infinitiv ist ebenfalls eine der Grundformen des Verbs und zugleich die Lexikonform. Im Gegensatz zum **da**-Infinitiv hat er nur eine Endung, nämlich bei allen Verben **-ma**. Er wird in der Regel nach Verben benutzt, die einen Beginn, eine Bewegung oder eine Verpflichtung ausdrücken. Ferner findet er Verwendung nach Adjektiven und Adverbien, die Vermögen oder Bereitschaft ausdrücken:

Me peame jooma.	Wir müssen trinken.
Ma hakkan kirjutama.	Ich fange zu schreiben an.
Me läheme sööma.	Wir gehen essen.
Nad jäävad istuma.	Sie bleiben sitzen.

Stufenwechsel bei Verben

Mit Stufenwechsel wird eine Erscheinung bezeichnet, bei der innerhalb eines Wortes infolge der Flexion lautliche Veränderungen stattfinden, ohne daß der Sinngehalt des Wortes verändert wird. Dem Stufenwechsel können Nomina, Verba und Numeralia unterliegen. Etwa ein Drittel aller flektierbaren Wörter unterliegt dem Stufenwechsel, von der Frequenz her machen sie aber mitunter bis zur Hälfte eines Textes aus.

Ein Wort, das dem Stufenwechsel unterliegt, tritt je nach Flexionsform in zwei verschiedenen Formen auf, in einer *starken* und in einer *schwachen* Stufe. Von der

Art der in einem Wort vorgehenden phonologischen Veränderungen her kann man den Stufenwechsel in zwei Gruppen unterteilen, in den *quantitativen* und den *qualitativen* Wechsel.

Bei quantitativem Stufenwechsel wird eine *größere* Quantität (III. Längenstufe) die *starke* Stufe genannt, eine *kleinere* Quantität (II. Längenstufe) die *schwache* Stufe genannt. Es geht also immer um einen Wechsel von einem überlangen zu einem langen Konsonanten oder Vokal. Je nach der Silbenstruktur und der Quantität kann diese Opposition aber z.B. sowohl durch **tt** – **t** als auch durch **t** – **d** ausgedrückt werden. Bei Vokalen tritt der Quantitätswechsel ebenfalls als Wechsel vom überlangen zum langen Vokal auf, ohne daß ein graphischer Unterschied sichtbar wird. Zur Verdeutlichung ist in den folgenden Tabellen das Längenzeichen ` vor der entsprechenden Silbe eingezeichnet:

stark	*schwach*
ha`kkama	hakata
rää`kima	ma räägin
sõi`tma	ma sõidan
oo`tama	oodata
lau`lma	ma laulan
pr`oovima	ma proovin
ai`tama	aidata

Beim qualitativen Stufenwechsel unterscheidet man zwischen Konsonantenausfall und Konsonantenwechsel. Beim Konsonantenausfall ist das *Vorhandensein* des Konsonanten die *starke* Stufe, während ein *Ausfall* desselben die *schwache* Stufe ist. Beim Konsonantenwechsel bedeutet ein *Explosivlaut* die *starke* Stufe und ein *Nicht-Explosivlaut* die *schwache* Stufe:

stark	*schwach*
tea`dma	ma tean
le`ndama	lennata
ta`htma	ma tahan
kõ`ndima	ma kõnnin
u`skuma	ma usun

Für Verben, die dem Stufenwechsel unterliegen, gelten die folgenden Regeln:

1. Immer in der *starken* Stufe:
   ma-Infinitiv, Aktiv Indikativ Präteritum, Quotativ Aktiv
2. Immer in der *schwachen* Stufe:
   Alle Formen des Impersonals

3. Immer in der *gleichen* Stufe:
   Indikativ Präsens = Konditional Präsens = Imperativ 2. Person sg
4. Immer in *entgegengesetzter* Stufe:
   da-Infinitiv ≠ Indikativ Präsens
   Imperativ 2. Person sg ≠ alle anderen Imperativformen

Subjektlose Sätze

Bei Witterungs- oder Stimmungsbeschreibungen können Sätze nur aus dem Hilfs-
verb und einem Adjektiv bestehen, das deutsche Subjekt 'es' ist nicht vorhanden:

Varsti on pime.	Bald ist *es* dunkel.
Siin on väga soe.	Hier ist *es* sehr warm.

Generische Sätze werden gebildet, indem die dritte Person Singular *ohne* Personal-
pronomen verwendet wird:

Nüüd võib minna.	Jetzt kann man gehen.
(vgl. **Nüüd võib ta minna.**	Jetzt kann sie/er gehen.)
Siin ei või istuda.	Hier kann man nicht sitzen.

Text

- Tere hommikust, Mari!
- Tere, Ants.
- Mari, kas sa ei taha kaasa tulla?
- Kuhu siis?
- Me läheme Tallinna!
- Tallinna? Aga miks sinna, sinna ma tegelikult ei taha sõita.
- Kas oled kindel? Miks sa ei taha Tallinna minna?
- See on liiga tuttav linn.
- Sa ei peagi sõitma. Aga meie sõidame kindlasti.
- Kui ma ei pea sõitma, siis ma tõesti ei sõida. Tahan siia jääda.

- Tere, Mati. Me läheme Tallinna, kas tuled kaasa?
- Ma pean veel mõtlema.
- Kuid meie oleme juba valmis, hakkame varsti minema.
- Kuidas te siis lähete? Kas autoga?
- Mitte autoga, vaid bussi või rongiga.
- Bussiga ma ei taha minna, aga rongiga võib küll.
- Jah, on täiesti võimalik, et läheme rongiga.

- Siis pean kaasa tulema. Raudtee on nii ilus asi, ja see on nii tore sõit.
- See on päris tavaline, aga siiski kiire.

- Tulen kohe jaama. Kas minu naine võib ka tulla?
- Võib küll, aga rong läheb varsti, peate jooksma.
- Tuleme kindlasti, võime joosta ka.
- Ma usun, et minu mees tahab ka tulla.
- Igaüks võib oma naise või mehega tulla.
- Kui tore! Võtame siis lapsed ja koerad ja kassid ka kaasa!
- Kassid ka?
- Miks mitte, minu kass tahab ka ükskord rongiga sõita.

- Aga Ants, me peame veel sööma!
- Jah, mina tahan ka süüa.
- Aga me võime ju ka rongis süüa.
- Noh, sööme siis rongis, miks mitte, see on alati nii tore.
- Hästi, sööme ja joome siis rongis.
- Jah, minu poeg tahab alati rongis süüa ja juua!
- Ja minu tütar ka. Kas sinu tütred samuti?
- Muidugi, poisid ja tüdrukud on sellised. Kõik lapsed on sarnased.

- Noh, hakkame liikuma.
- Varsti on pime ja kõik poed on kinni.
- Ei ole, minu vanaisa kauplus on alati lahti.
- Aga minu vanaema oma samuti!
- Kus nende kauplus asub?
- Mitte kaugel, Lehma tänavas. Läheme sinna!
- Kuhu?
- Lehma tänavasse.
- Miks mitte Hobuse tänavasse?
- Sinna me ei taha minna, kauplus on ometi Lehma tänavas.
- Noh, läheme vaatama, mis seal on.

- Nüüd olemegi juba jaamas. Siin on postkontor, aga kus kauplus on?
- Ma ei mäleta. Võib-olla seal? Või hoopis siin?
- Vaatame. Otsime.
- Ei, nüüd on hilja. Rong hakkab juba sõitma.
- Aga millal sõidab järgmine rong?
- Ei, nüüd peame minema. Muidu me ei jõua. Tallinn ei oota.
- Palun, võime veel...
- Ei. Nüüd aitab küll. Läheme rongi ja sõidame ära!

- Miks me peame juba sõitma? Ma ei taha sõita.
- Nüüd on hilja. Meie rong seisab siin.
- Istume rongis ja vaatame välja.
- Kas see pole tore? Siin on nii palju vaadata.
- Aga kõht on tühi. Tahan süüa!
- Hakkame siis sööma!
- Jah, tänan, hakkame sööma ja jooma.

Glossar

Verben

asuma, asuda, asun	sich befinden, gelegen sein
hakkama, hakata, hakkan	anfangen, sich anschicken
jooksma, joosta, jooksen	laufen, rennen
jooma, juua, joon	trinken
jõudma, jõuda, jõuan	schaffen, können, ankommen
kirjutama, kirjutada, kirjutan	schreiben
liikuma, liikuda, liigun	sich bewegen, in Bewegung setzen
mäletama, mäletada, mäletan	sich erinnern
otsima, otsida, otsin	suchen
paluma, paluda, palun	bitten, erbitten, einladen
pidama, pidada, pean	müssen, sollen; halten
seisma, seista, seisan	stehen
sööma, süüa, söön	essen
tänama, tänada, tänan	danken
uskuma, uskuda, usun	glauben
vaatama, vaadata, vaatan	schauen, gucken
võima, võida, võin	können, vermögen, dürfen

Substantive, Namen

hobune, hobuse, hobust, hobuseid	Pferd
kass, kassi, kassi, kasse	Katze
kauplus, kaupluse, kauplust, kauplusi	Geschäft, Handlung, Laden
koer, koera, koera, koeri	Hund
kõht, kõhu, kõhtu, kõhte	Bauch, Magen
lehm, lehma, lehma, lehmi	Kuh
Mari, Mari, Marit	(weiblicher Vorname)
mees, mehe, meest, mehi	Mann
naine, naise, naist, naisi	Frau
poeg, poja, poega, poegi	Sohn
poiss, poisi, poissi, poisse	Junge
pood, poe, poodi, poode	Laden, Geschäft
postkontor, -kontori, -kontorit, -kontoreid	Post, Postamt
raud, raua, rauda, raudu	Eisen

raudtee, -tee, -teed, -teid	Eisenbahn
tuttav, tuttava, tuttavat, tuttavaid	Bekannte/r
tänav, tänava, tänavat, tänavaid	Straße
tüdruk, tüdruku, tüdrukut, tüdrukuid	Mädchen
tütar, tütre, tütart, tütreid	Tochter
vanaema, vanaema, vanaema, vanaemasid	Großmutter
vanaisa, vanaisa, vanaisa, vanaisasid	Großvater

Adjektive

järgmine, järgmise, järgmist, järgmisi	folgend, kommend, nächst
kiire, kiire, kiiret, kiireid	schnell, geschwind
kindel, kindla, kindlat, kindlaid	sicher
pime, pimeda, pimedat, pimedaid	dunkel; blind
sarnane, sarnase, sarnast, sarnaseid	gleich, ähnlich
tavaline, tavalise, tavalist, tavalisi	gewöhnlich, normal
tuttav, tuttava, tuttavat, tuttavaid	bekannt, vertraut
tühi, tühja, tühja, tühje	leer
võimalik, -liku, -likku, -likke	möglich

Kleine Wörter

alati	immer
hilja	spät
igaüks, igaühe, igaüht	jede, jeder, jedes, jedermann
kaugel	weit weg, entfernt, fern
kindlasti	sicherlich, bestimmt, gewiß
kinni	geschlossen, zu, fest
kohe	sofort, gleich, sogleich
kuid	aber
lahti	offen, geöffnet, auf, frei
millal	wann
muidu	sonst, andernfalls
ometi	doch
palju, palju, paljut, paljusid	viel, viele
palun	bitte
siiski	dennoch, trotzdem, doch
tegelikult	wirklich, eigentlich, in der Tat
täiesti	völlig, vollkommen
vaid	sondern, aber
valmis	fertig, bereit
välja	hinaus, heraus
ükskord	einmal

Übungen

1. Setzen Sie den korrekten Infinitiv ein:

Ma ei taha Tallinna (sõitma).	Ma ei taha Tallinna sõita.
Aga sa pead siiski sinna (sõitma).	Aga sa pead siiski sinna sõitma.
Miks ma pean (jooma)?	Miks ma pean jooma?
Hakkan varsti ära (minema).	Hakkan varsti ära minema.
Kas siin võib (sõitma)?	Kas siin võib sõita?
Siin võib (sõitma) küll.	Siin võib sõita küll.
Kas pead juba (minema)?	Kas pead juba minema?
Ma tahan (minema).	Ma tahan minna.
Läheme nüüd (sööma).	Läheme nüüd sööma.
Kas võime (jooma) ka?	Kas võime juua ka?
Te peate (jooma).	Te peate jooma.
Nüüd pead (jooksma).	Nüüd pead jooksma.
Ma ei taha (jooksma).	Ma ei taha joosta.
Kas sa võid (aitama)?	Kas sa võid aidata?
Sa pead (aitama).	Sa pead aitama.

2. Setzen Sie die eingeklammerten Wörter in den korrekten Kasus:

Millega sõidame? Kas (auto)?	Millega sõidame? Kas autoga?
Sõidame nüüd (Tallinn).	Sõidame nüüd Tallinna.
Kas läheme veel (kauplus)?	Kas läheme veel kauplusse?
Kas sa elad (Tartu)?	Kas sa elad Tartus?
Ei, olen (Tallinn) elanik.	Ei, olen Tallinna elanik.
See rong sõidab (Viljandi).	See rong sõidab Viljandisse.
Hakkan (Tartu) ära minema.	Hakkan Tartust ära minema.
Istume nüüd juba (rong).	Istume nüüd juba rongis.
Aga varsti läheme (kino).	Aga varsti läheme kinno.
Mina ootan (Pärnu).	Mina ootan Pärnus.
Elan (see ilus maja).	Elan selles ilusas majas.
Tahan (Tallinn) sõita.	Tahan Tallinna sõita.
Hakkame (Pärnu) ära minema.	Hakkame Pärnust ära minema.
Sõidan (väike küla).	Sõidan väiksesse külasse.

3. Bilden Sie Sätze aus den angegebenen Wörtern:

rong - ma - Tartu - sõitma	Ma sõidan rongiga Tartusse.

elama - väike maja - te	Te elate väik(e)ses majas.
me - tulema - Tallinn	Me tuleme Tallinnast.
võima - me - minema - hakkama	Me võime minema hakata.
ta - sööma - tahtma	Ta tahab süüa.
nemad - pidama - jooma	Nemad peavad jooma.
hakkama - meie - minema - nüüd	Meie hakkame nüüd minema.
Viljandi - sõitma - varsti - ma	Ma sõidan varsti Viljandisse.
võima - minema - me	Me võime minna.
sa - minema - sööma - nüüd	Sa lähed nüüd sööma.
hakkama - me - tahtma - jooma	Me tahame jooma hakata.

4. Bilden Sie den **da**-Infinitiv und die 1. Person Sg. zum **ma**-Infinitiv (und umgekehrt: beide Infinitive zur 1. Person Sg.):

aitama	aidata	aitan
arvama	arvata	arvan
asuma	asuda	asun
eksima	eksida	eksin
elama	elada	elan
hakkama	hakata	hakkan
jooksma	joosta	jooksen
jooma	juua	joon
jõudma	jõuda	jõuan
jääma	jääda	jään
kirjutama	kirjutada	kirjutan
kohtuma	kohtuda	kohtun
kõndima	kõndida	kõnnin
käima	käia	käin
küsima	küsida	küsin
lahkuma	lahkuda	lahkun
laulma	laulda	laulan
lendama	lennata	lendan
liikuma	liikuda	liigun
minema	minna	lähen
mõtlema	mõtelda / mõelda	mõtlen
mängima	mängida	mängin
ootama	oodata	ootan
otsima	otsida	otsin
paistma	paista	paistan
paluma	paluda	palun
pidama	pidada	pean

piisama	piisata	piisan
proovima	proovida	proovin
rääkima	rääkida	räägin
saabuma	saabuda	saabun
saama	saada	saan
seisma	seista	seisan
sõitma	sõita	sõidan
sööma	süüa	söön
tahtma	tahta	tahan
teadma	teada	tean
tulema	tulla	tulen
tänama	tänada	tänan
töötama	töötada	töötan
uskuma	uskuda	usun
vaatama	vaadata	vaatan
võima	võida	võin
võtma	võtta	võtan
õpetama	õpetada	õpetan

LEKTION 6

Grammatik

GWE: Ablativ, Adessiv, Allativ, habeo-Konstruktion, Temporalbestimmung

Ablativ (abl)

Endung **-lt**, äußerer Lokalkasus (Trennungskasus), der die Entfernung von etwas weg bezeichnet:

Kellelt? Millelt? Kust?   Von wem? Wovon? Woher?

sg nom	*sg gen*	*sg abl*	
laud	**laua**	**laualt**	vom Tisch
maa	**maa**	**maalt**	vom Lande
mina	**minu**	**minult**	von mir

Adessiv (ade)

Endung **-l**, äußerer Lokalkasus (Ruhekasus), der die Befindlichkeit an bzw. auf einem Ort bezeichnet:

Kellel? Millel? Kus?   Bei wem? Woran? Wo?

sg nom	*sg gen*	*sg ade*	
laud	**laua**	**laual**	auf dem Tisch
maa	**maa**	**maal**	auf dem Lande
mina	**minu**	**minul**	bei mir

Das Estnische kennt kein Verb für das deutsche *haben*. Dies wird in der sogenannten habeo-Konstruktion mit dem Seinsverb und der Adessiv-Form des logischen Subjekts umschrieben:

Mul on raamat.   Ich habe ein Buch ('Bei mir ist ein Buch').
Temal on suur koer. Sie hat einen großen Hund.
Neil ei ole raha.   Sie haben kein Geld.

Allativ (all)

Endung **-le**, äußerer Lokalkasus (Richtungskasus), der eine Bewegung auf etwas oder auf eine Oberfläche bezeichnet:

Kellele? Millele? Kuhu?   Zu wem? Wem? Woran? Wohin?

sg nom	sg gen	sg all	
raamat	raamatu	raamatule	auf das Buch
laud	laua	lauale	auf den Tisch
maa	maa	maale	aufs Land

Da es keinen Dativ gibt, übernimmt der Allativ dessen Funktion:

Ma annan raamatu sulle.   Ich gebe dir das Buch.
See meeldib mulle.   Das gefällt mir.
Ma ütlen Annele.   Ich sage (das) Anne.

Für die gewöhnlichen Ortsangaben werden je nach Worttyp entweder die inneren oder die äußeren Lokalkasus gebraucht, wobei nicht immer vorhersagbar ist, welche Reihe benutzt wird. Wörter auf **-maa** ('Land') werden zum Beispiel immer mit den l-Kasus gebraucht, einige estnische Städte (wie **Tapa**) ebenfalls:

Tallinnas   in Tallinn
Tapal   in Tapa
Eestis   in Estland
Saksamaal   in Deutschland

Text

- Millal me saabume Tallinna? Kas veel täna õhtul või alles homme hommikul?
- Ega sõit nii kaua kesta. Õhtul oleme kindlasti Tallinnas.
- Arvan, et oleme juba lõunal kohal.
- Aga kus me praegu oleme?
- Kas sa ei näe? Oleme Tapal.
- Rong seisab siin kaua.
- Tapa on tähtis jaam, siin tulevad paljud inimesed peale.
- Jah, ma näen, kõik rongi uksed on lahti ja inimesed astuvad välja ja sisse.

- Kas sinu sõbranna Helvi elab Tapal?
- Elab küll, aga suvel on ta alati maal.
- Kus kohal?
- Minu meelest Saaremaal, kuid ma pole kindel. Kas sina ei tea?
- Mina tõepoolest ei tea, võib-olla on ta ka Hiiumaal.
- Tähendab, ta elab ainult talvel Tapal?
- Missugune küsimus! Sügisel ja kevadel ka! Ta peab ju kodus olema ja töötama. Sellepärast võib ta ainult mõnel nädalalõpul maale sõita.

- Tähendab, laupäeval või pühapäeval?
- Täpselt, aga mõnikord juba reedel.
- Kuhu ta siis sõidab?
- Juba jälle sa küsid! Mulle tundub, et sa õieti ei kuulagi! Ta sõidab Saaremaale
  või Hiiumaale.
- Kas mitte Naissaarele?
- Võib-olla sinna ka. Igal juhul mingile saarele ta ikka sõidab. Inimene peab ju
  ükskord puhkama!
- See mõte meeldib mulle väga. Tahan ka puhata. Varsti jään magama, uni tuleb
  peale.
- Kas kuuled? Juba ta magab, kõik on vaikne.

- Ma ütlen sulle: kui ta magab, on ta väga ilus laps.
- Kuid kardan, et ta ei maga üldse. Kohe hakkab ta karjuma ja tahab süüa või
  juua. See sobib talle.
- Arvatavasti on sul õigus. Mul on siin üks pudel, ma teen selle lahti ja ootan, mis
  juhtub.
- Näed, kui imelik, ta magab edasi.
- Jah, kui ta ükskord magama jääb, on tal väga raske uni. Kõva pea ja raske uni!

- Rong hakkab liikuma, lõpuks lahkume Tapalt.
- Ilus linn küll, aga nüüd tahan Tallinna. Tuleme esmaspäeval või teisipäeval
  Tapale tagasi.
- Kui kaua kestab sõit Tapalt Tallinna?
- Ma ei tea!
- Aga kui kaua kestab sõit Saaremaalt Tallinna?
- Ma ka ei tea.
- Aga Hiiumaalt Saaremaale ja tagasi?
- Kurat, ma tõesti ei tea, sa pead mu sõbranna käest küsima!

- Kellelt?
- Mu sõbrannalt. Ta elab ju Tapal ja sõidab alati Saaremaalt Tapale, Tapalt
  Hiiumaale, Hiiumaalt Saaremaale ja nii edasi. Tema võib sulle vastata. Tal on
  neljapäeval vaba päev, võib-olla tuleb ta meile. Siis võid temalt küsida.
- Aga mul pole vaba päev. Tulen alles kolmapäeval Saaremaalt tagasi.
- Sul on siis kesknädal vaba päev? Või kuidas?
- Täpselt! Seepärast tulen alles õhtul koju.
- Aga võib-olla sobib teile järgmisel nädalal? Näiteks reedel?
- Noh, vaatame. Nüüd mul on nälg ja tahan süüa. Annan sulle ka ühe õuna.

- Need õunad on magusad. Kust nad tulevad? Kas Tartumaalt?
- Ei, need on hoopis Saksamaalt või Prantsusmaalt või Inglismaalt, ma ei mäleta.

Aga need munad saan alati maalt, vanaemalt, ja see leib siin on samuti hea. Mul on kodus hea kauplus õige lähedal.
- Nüüd puudub ainult õlu. Alles siis olen päris õnnelik.
- Siin ta on!
- Oh, sul on tõesti kõik! Aitäh, nüüd on minu õnn täielik!
- Väga hea, minu oma ka!

Glossar

Verben

andma, anda, annan	geben
astuma, astuda, astun	schreiten, steigen
edasi magama	weiterschlafen
juhtuma, juhtuda, juhtun	geschehen, vorkommen
karjuma, karjuda, karjun	schreien
kartma, karta, kardan	fürchten
kestma, kesta, kestan	dauern, bestehen
kuulama, kuulata, kuulan	zuhören
kuulma, kuulda, kuulen	hören
lahti tegema	aufmachen, öffnen
magama, magada, magan	schlafen
magama jääma	einschlafen
meeldima, meeldida, meeldin	gefallen, zusagen
nägema, näha, näen	sehen
peale tulema	einsteigen; überkommen
puhkama, puhata, puhkan	ausruhen, sich erholen
puuduma, puududa, puudun	fehlen, entbehren
sobima, sobida, sobin	passen, sich eignen
tegema, teha, teen	tun, machen
tunduma, tunduda, tundub	sich anfühlen, scheinen
tähendama, tähendada, tähendan	bedeuten, bemerken
vastama, vastata, vastan	antworten, entsprechen
ütlema, ütelda (öelda), ütlen	sagen

Substantive, Namen

esmaspäev, -päeva, -päeva	Montag
Hiiumaa, Hiiumaa, Hiiumaad	Hiiumaa (estnische Insel)
hommik, hommiku, hommikut, hommikuid	Morgen
Inglismaa, Inglismaa, Inglismaad	England
juht, juhu, juhtu, juhte	Fall
kesknädal, kesknädala, kesknädalat	Mittwoch
kevad, kevade, kevadet, kevadeid	Frühling
kleit, kleidi, kleiti, kleite	Kleid
kodu, kodu, kodu, kodusid	Haus, Heim
kolmapäev, kolmapäeva, kolmapäeva	Mittwoch
kurat, kuradi, kuradit, kuradeid	Teufel

küsimus, küsimuse, küsimust, küsimusi	Frage
laupäev, -päeva, -päeva	Sonnabend, Samstag
leib, leiva, leiba, leibu	Brot
lõpp, lõpu, lõppu, lõppe	Ende
lõuna, lõuna, lõunat, lõunaid	Süden; Mittag; Mittagessen
maa, maa, maad, maid	Land, Erde, Staat
meel, meele, meelt, meeli	Sinn, Gemüt, Ansicht, Meinung
muna, muna, muna, mune	Ei
Naissaar, Naissaare, Naissaart	Naissaar (estnische Insel)
neljapäev, -päeva, -päeva	Donnerstag
nädal, nädala, nädalat, nädalaid	Woche
nädalalõpp, -lõpu, -lõppu, -lõppe	Wochenende
nälg, nälja, nälga, nälgi	Hunger
pea, pea, pead, päid	Kopf
Prantsusmaa, Prantsusmaa, Prantsusmaad	Frankreich
pudel, pudeli, pudelit, pudeleid	Flasche
püha, püha, püha, pühi	heilig; Feiertag
pühapäev, -päeva, -päeva	Sonntag
reede, reede, reedet	Freitag
saar, saare, saart, saari	Insel
Saksamaa, Saksamaa, Saksamaad	Deutschland
sõbranna, -nna, -nnat, -nnasid	Freundin
suvi, suve, suve, suvesid	Sommer
sügis, sügise, sügist, sügiseid	Herbst
talv, talve, talve, talvi	Winter
Tapa, Tapa, Tapat	Tapa (Stadt in Estland)
teisipäev, -päeva, -päeva	Dienstag
uks, ukse, ust, uksi	Tür
uni, une, und, unesid	Schlaf; Traum
õigus, õiguse, õigust, õigusi	Recht
õlu, õlle, õlut, õllesid	Bier
õnn, õnne, õnne, õnni	Glück
õun, õuna, õuna, õunu	Apfel

Adjektive

imelik, imeliku, imelikku, imelikke	sonderbar, merkwürdig
kõva, kõva, kõva, kõvu	hart, fest, stark
magus, magusa, magusat, magusaid	süß
püha, püha, püha, pühi	heilig
raske, raske, rasket, raskeid	schwer, schwierig
täielik, täieliku, täielikku, täielikke	vollkommen, vollständig
vaba, vaba, vaba, vabu	frei
vaikne, vaikse, vaikset, vaikseid	ruhig, still
õnnelik, õnneliku, õnnelikku, õnnelikke	glücklich

Kleine Wörter

aitäh	danke
arvatavasti	wahrscheinlich
iga, iga, iga (igat)	jeder, jeglicher
jälle	wieder
kaua	lange
kaugele	in die Ferne, weit weg
kaugelt	aus der Ferne, von weither
kodus	zu Hause
kohal	dort, da, anwesend, zur Stelle
käest	von
lõpuks	endlich, schließlich
mingi, mingi, mingit, mingeid	irgendein
missugune, -suguse, -sugust, -suguseid	was für ein, welch
peale	auf, an
seepärast	deswegen
sellepärast	deswegen
tõepoolest	wirklich, wahrhaftig
tähendab	das heißt
täna	heute
õhtul	am Abend
õige	recht, ziemlich

Ausdrücke

minu meelest	meiner Meinung nach
sinu meelest	deiner Meinung nach
...	...

Übungen

1. Setzen Sie das eingeklammerte Wort in den Adessiv:

Ma elan (Saaremaa).	Ma elan Saaremaal.
Kas elate (Saksamaa)?	Kas elate Saksamaal?
Raamat on (laud).	Raamat on laual.
(Nemad) ei ole raha.	Nendel ei ole raha.
(Tapa) on suur jaam.	Tapal on suur jaam.
(Sa) on õigus.	Sul on õigus.
(See saar) on ilus maja.	Sel saarel on ilus maja.
Tulen (esmaspäev) tagasi.	Tulen esmaspäeval tagasi.
(Vanaema) on uus kleit.	Vanaemal on uus kleit.
(Meie) on väike koer.	Meil on väike koer.

2. Setzen Sie das eingeklammerte Wort in den Ablativ:

Tema tuleb (Saaremaa).	Tema tuleb Saaremaalt.
Võtame raamatud (laud).	Võtame raamatud laualt.
Nad küsivad (Sirje).	Nad küsivad Sirjelt.
Võite (meie) küsida.	Võite meilt küsida.
Kas lahkud (Saksamaa)?	Kas lahkud Saksamaalt?
Tema sõidab (Hiiumaa) koju.	Tema sõidab Hiiumalt koju.
Ma saan (nad) uue raamatu.	Ma saan neilt uue raamatu.
Tuleme (maa) tagasi.	Tuleme maalt tagasi.
Küsin (see proua).	Küsin sellelt proualt.
Saan (tema) varsti kollase muna.	Saan temalt varsti kollase muna.

3. Setzen Sie das eingeklammerte Wort in den Allativ:

Kas sõidad tõesti (Hiiumaa)?	Kas sõidad tõesti Hiiumaale?
Ma ütlen (ta) edasi.	Ma ütlen talle edasi.
See raamat meeldib (mina) väga.	See raamat meeldib mulle väga.
Ma annan raamatu (sa).	Ma annan raamatu sulle.
Miks sa ei sõida (Saaremaa)?	Miks sa ei sõida Saaremaale?
Kas (te) meeldib see lehm?	Kas teile meeldib see lehm?
Nad annavad kõik (vanaema).	Nad annavad kõik vanaemale.
Ma kirjutan (ta).	Ma kirjutan talle.
Vastan (sa) kohe.	Vastan sulle kohe.
Ostan (nad) maja.	Ostan neile maja.

4. Setzen Sie das eingeklammerte Wort in den korrekten Kasus (äußere Lokalkasus: Adessiv, Ablativ oder Allativ):

Vastan (sa) kohe.	Vastan sulle kohe.
Kas elate (Saksamaa)?	Kas elate Saksamaal?
See laev tuleb (kauge).	See laev tuleb kaugelt.
(Sa) on õigus.	Sul on õigus.
Tema tuleb (Saaremaa).	Tema tuleb Saaremaalt / Saaremaale.
Kas sõidad tõesti (Hiiumaa)?	Kas sõidad tõesti Hiiumaale?
Tulen (esmaspäev) tagasi.	Tulen esmaspäeval tagasi.
(Vanaema) on uus kleit.	Vanaemal on uus kleit.
Ma annan raamatu (sa).	Ma annan raamatu sulle.
Võtame raamatud (laud).	Võtame raamatud laualt.
(Meie) on väike koer.	Meil on väike koer.
Ma ütlen (ta) edasi.	Ma ütlen talle edasi.
Nad küsivad (Sirje).	Nad küsivad Sirjelt.
See laev sõidab (kauge).	See laev sõidab kaugele.

Võite (meie) küsida.   Võite meilt küsida.
Ma kirjutan (ta).   Ma kirjutan talle.
See raamat meeldib (mina) väga.   See raamat meeldib mulle väga.
Tema sõidab (Hiiumaa) koju.   Tema sõidab Hiiumaalt koju.
Kas (nemad) on suur maja?   Kas nendel on suur maja?
Tuleme (maa) tagasi.   Tuleme maalt tagasi.

5. Setzen Sie das eingeklammerte Wort in den korrekten Kasus (innere und äußere
    Lokalkasus):

Homme sõidan (Tallinn).   Homme sõidan Tallinna.
Laev saabub (Saaremaa).   Laev saabub Saaremaalt / Saaremaale.
Elan (see väike maja.)   Elan selles väik(e)ses majas.
See maja asub (Tapa).   See maja asub Tapal.
Te sõidate (Eesti).   Te sõidate Eestisse.
Elame kõik (Saksamaa).   Elame kõik Saksamaal.
Lahkun homme (Tartu).   Lahkun homme Tartust.
Lähen homme (kino).   Lähen homme kinno.
Tuleme (teater) koju.   Tuleme teatrist koju.
Jõuame (sadam) alles homme.   Jõuame sadamasse alles homme.
Kas tuled (kauge)?   Kas tuled kaugelt?
Mu vanaisa elab (Tartu).   Mu vanaisa elab Tartus.
Kohtun sinuga (Pärnu).   Kohtun sinuga Pärnus.
Lendan esmaspäeval (Frankfurt).   Lendan esmaspäeval Frankfurti(sse).
Kas lahkud (Saksamaa)?   Kas lahkud Saksamaalt?
Magan (rong).   Magan rongis.
(Tema) meeldib see raamat.   Temale meeldib see raamat.
Läheme (siin) ära.   Läheme siit ära.
Ma saan (nad) uue raamatu.   Ma saan neilt uue raamatu.
Nad kõnnivad (Viljandi).   Nad kõnnivad Viljandisse.
Ma olen praegu (kool).   Ma olen praegu koolis.
Mõtlen (sa) alati.   Mõtlen sinule alati.
Ma lähen (kool) ära.   Ma lähen koolist ära.
Kas (te) on poeg?   Kas teil on poeg?
Rong sõidab (jaam) ära.   Rong sõidab jaamast ära.
Ei, (me) on tütar.   Ei, meil on tütar.
Ta läheb (maja).   Ta läheb majja.
(Ma) tundub, et see on hea.   Mulle tundub, et see on hea.
Peame (tema) küsima.   Peame temalt küsima.
Sõidan laevaga (Saaremaa).   Sõidan laevaga Saaremaale.

LEKTION 7

Grammatik

GWE: Numerale, Partitiv, Qualität, Quantität, Quantitätskorrelation, Sprachnamen, Stufen-wechsel

Partitiv (par)

Endung **-d**, **-t** oder Stammvokal. Der Partitiv ist ein im Deutschen nicht vorhandener Kasus, er beantwortet die Frage:

Keda? Mida?   Wen? Wer? Was?

Er fungiert häufig als Objektkasus (Partialobjekt, Teilobjekt, verneintes Objekt), als genereller Rektionskasus bei einer Reihe von Verben, als Kasus für unbestimmte Mengenangaben, als Kasus nach den Zahlwörtern oder als Subjektkasus. Er ist neben dem Illativ der einzige Kasus, der nicht immer vom Genitiv gebildet werden kann. Da die Formen des Partitivs nicht unbedingt eindeutig vorhersagbar sind und zudem außerordentlich häufig auftreten, sollte der Partitiv mitgelernt werden.

Partitivendung -d (einsilbige Wörter auf Vokal oder Diphthong, einige zweisilbige Wörter):

nom	*gen*	*par*	
hea	hea	head	gut
maa	maa	maad	Land
uni	une	und	Schlaf

Partitivendung -t (die meisten Wörter, die im Singular gen zweisilbig sind, im Singular gen dreisilbige Wörter, auf **-ne** und **-s** endende Wörter):

nom	*gen*	*par*	
raamat	raamatu	raamatut	Buch
valge	valge	valget	weiß
pere	pere	peret	Familie
number	numbri	numbrit	Nummer
esimene	esimese	esimest	erster
küsimus	küsimuse	küsimust	Frage
noor	noore	noort	jung
keel	keele	keelt	Sprache/Zunge

Partitivendung auf Stammvokal (endungsloser Partitiv; bei im Singular gen zweisilbigen Wörtern, wenn die Form *nicht* die III. Quantitätsstufe hat, sehr häufig in Verbindung mit Stufenwechsel):

nom	*gen*	*par*	
arst *[III]*	**arsti** *[II]*	**arsti** *[III]*	Ärztin, Arzt
päev *[III]*	**päeva** *[II]*	**päeva** *[III]*	Tag
hotell *[III]*	**hotelli** *[II]*	**hotelli** *[III]*	Hotel
kino	**kino**	**kino**	Kino
sõna	**sõna**	**sõna**	Wort

(Bei den letzten beiden Beispielen sind alle drei Formen identisch.)

Partitiv der Personalpronomen

	sg	*pl*
1. Person	**mind**	**meid**
2. Person	**sind**	**teid**
3. Person	**teda**	**neid**

Stufenwechsel bei Nomina

Für den Stufenwechsel gelten bei den Nomina die gleichen Grundregeln wie bei den Verben (vgl. Lektion 5).

Quantitativer Stufenwechsel, sichtbar:

stark (III. Stufe)	*schwach (II. Stufe)*	
klei`ti (par)	**kleidi** (gen)	Kleid
lõ`ppu (par)	**lõpu** (gen)	Ende
mõ`tte (gen)	**mõte** (nom)	Gedanke
poi`ssi (par)	**poisi** (gen)	Junge
sõ`pra (par)	**sõbra** (gen)	Freund

Quantitativer Stufenwechsel, unsichtbar:

stark (III. Stufe)	*schwach (II. Stufe)*	
he`tke (par)	**hetke** (gen)	Moment
ke`lla (par)	**kella** (gen)	Uhr, Glocke
s`aar (nom)	**saare** (gen)	Insel
k`ooli (par, ill)	**kooli** (gen)	Schule

Qualitativer Stufenwechsel:

stark	*schwach*	
l`auda (par)	**laua** (gen)	Tisch
l`eiba (par)	**leiva** (gen)	Brot
h`inda (par)	**hinna** (gen)	Preis
le`hte (par)	**lehe** (gen)	Blatt

Zahlwörter (I.)

0	**null, nulli, nulli**
1	**üks, ühe, üht(e)**
2	**kaks, kahe, kaht(e)**
3	**kolm, kolme, kolme**
4	**neli, nelja, nelja**
5	**viis, viie, viit**
6	**kuus, kuue, kuut**
7	**seitse, seitsme, seitset**
8	**kaheksa, kaheksa, kaheksat**
9	**üheksa, üheksa, üheksat**
10	**kümme, kümne, kümmet**

Die Zahlen von 11 bis 19 werden gebildet, indem der Ziffer das Glied **-teist** oder **-teistkümmend** nachgestellt wird. Im Nominativ wird der Bestandteil **-kümmend** in der Regel nicht benutzt, in den weiteren Kasus muß er hinzugesetzt werden. Nur dieser Bestandteil wird dann flektiert, **-teist** bleibt unverändert, und der erste Bestandteil (die Ziffer) steht ab dem Illativ im Genitiv (d.h. er wird im Partitiv noch mitflektiert):

11	**üksteist(kümmend), üheteistkümne, üht(e)teistkümmend**
12	**kaksteist(kümmend), kaheteistkümne, kaht(e)teistkümmend**
13	**kolmteist(kümmend), kolmeteistkümne, kolmeteistkümmend**
...	

Die Zehner von 20 bis 90 werden gebildet, indem der Ziffer das Glied **-kümmend** nachgestellt wird. Die Einer von 21 bis 99 erhalten zusätzlich als separates Wort danach wieder die Ziffer. Für die Flektion gelten die gleichen Regeln wie oben für die Zahlen von 11-19:

20	**kakskümmend, kahekümne, kaht(e)kümmend**
21	**kakskümmend üks, kahekümne ühe, kaht(e)kümmend üht(e)**
22	**kakskümmend kaks, kahekümne kahe, kaht(e)kümmend kaht(e)**
30	**kolmkümmend, kolmekümne, kolmekümmend**

Text

- Ants, kas sul on aega?
- Mis siis? Milleks?
- No, ma lihtsalt küsin, kas sul on aega. Kui aega pole, siis pole mõtet edasi küsida.
- Mida sa mõtled?
- Ma mõtlen seda, kas sul on aega.
- Ma ei mõista sind. Kas sa võid ometi ütelda, mida sa tahad?
- Asjaolu on pisut keeruline.
- Mis sul plaanis on? Mida sa vajad?

- Tahan üht raamatut osta.
- Väga hea idee! Milles on küsimus?
- Mul pole raha. Kas annad mulle natuke?
- Kui palju? Ühe krooni, kaks krooni?
- Raamatud pole nii odavad. Nad on päris kallid.
- Ma tean seda. Aga rohkem kui kolm krooni ma ei saa sulle pakkuda.
- Aga see raamat maksab hoopis kümme krooni. Siis puudub veel seitse krooni.
- Ma tean, kuid ma ei oska enam aidata.

- Sirje, kas armastad lugeda?
- Muidugi, loen väga sageli.
- Siis mõistad mind kindlasti. Vajan üht raamatut. Ma näitan sulle. Õpin saksa keelt ja vajan üht raamatut, saksa kirjandusest. See on väga hea ja tuntud kirjanik. Kindlasti tunned teda ka.
- See mind ei huvita. Mida sa õieti tahad sellega ütelda? Mida sa soovid?
- See raamat on õige kallis ja mul on raha otsas.
- Ah, sa õnnetu inimene! Raha tuled paluma!?
- Täpselt, nõnda see asi on. Kas võid mulle neli krooni anda?
- Võin küll, aga ei anna. Sest siis puudub sul ikka veel kuus!
- Ei! Ma saan nimelt Antsult ka kolm krooni, see teeb kokku juba seitse.
- Hästi, kes annab veel?
- Ma ei tea, pean veel ühe sõbra leidma.

- Tere, kas müüte saksa kirjandust?
- Muidugi. Mida te soovite?
- Kui palju see väike pruun raamat maksab?
- Kaheksa krooni.
- Aga see hall seal?
- Üheksa krooni.

- Ja too väike esimeses reas?
- Sel on sama hind, ka üheksa krooni.
- Seda raamatut ma ei osta, aga võib-olla ostan selle. Teil on väga huvitavad raamatud, aga ma pole nii rikas. Kas võite oodata? Ma tulen kohe tagasi, ainult üks hetk.

- Ants, kui annad veel viis krooni, olen õnnelik inimene.
- Taas tuled raha küsima! Ma võin sulle anda, aga mul on üks soov: homme tahan selle tagasi saada.
- Ma luban, et ma toon sulle homme. Kindlasti!
- Kas võid sõna pidada? Ma loodan väga!
- Ma ei unusta, saame homme kell viis kokku, siis annan tagasi.

- Mis kell praegu on?
- Pool neli, meil on aega veel üks tund. Isegi rohkem, üks tund ja kümme minutit.
- Mida me teeme? Ühe tunniga võib palju peale hakata.
- Näiteks?
- Näiteks üht raamatut lugeda...
- ...või üheksa raamatut osta. Ma tunnen sind. Sa pead tööd tegema, siis võid mulle raha tagasi maksta.
- Võid rahulik olla, töötan palju. Õpin saksa ja soome keelt, loen palju.
- Mina ka, mul on inglise ja prantsuse keele tunnid. Ja vene keelt tahan ka õppida. Aga sellest ju raha ei tule.
- Praegu veel mitte, aga võib-olla hiljem!

- Tõnu, kas oskad prantsuse keelt?
- Mina? Prantsuse keelt? Ei, ma õpin alles inglise keelt. Tähtsad raamatud on tihti inglise keeles, seda keelt peab oskama.
- Aga kuidas on lood soome keelega?
- Soome keelest saan aru küll, samuti saksa keelest. Mul on häda ainult vene keelega. Saan natuke aru, aga ma ei räägi seda keelt. Ent sina?
- Mul on ainus häda selles, et ma ei saa saksa keelest üldse aru. Muidu saan hakkama. Isegi soome ja rootsi keelega. Muide, kas sa rootsi keelt oskad?
- Ei oska. Kuulan rootsi muusikat, see on kõik.

Glossar

Verben

armastama, armastada, armastan	lieben
hakkama saama	zurechtkommen
huvitama, huvitada, huvitan	interessieren
kokku saama	sich treffen
leidma, leida, leian	finden
lootma, loota, loodan	hoffen
lubama, lubada, luban	versprechen; erlauben
lugema, lugeda, loen	lesen
maksma, maksta, maksan	kosten; bezahlen
mõistma, mõista, mõistan	begreifen, verstehen
müüma, müüa, müün	verkaufen
näitama, näidata, näitan	zeigen
oskama, osata, oskan	können, vermögen, imstande sein
ostma, osta, ostan	kaufen
pakkuma, pakkuda, pakun	anbieten
peale hakkama	anfangen
soovima, soovida, soovin	wünschen, wollen
tooma, tuua, toon	bringen
tundma, tunda, tunnen	kennen; fühlen
tööd tegema	arbeiten
unustama, unustada, unustan	vergessen
vajama, vajada, vajan	benötigen, brauchen
õppima, õppida, õpin	lernen

Substantive, Namen

aeg, aja, aega, aegu	Zeit
asjaolu, asjaolu, asjaolu, asjaolusid	Zustand, Sachverhalt, Sachlage
hetk, hetke, hetke, hetki	Moment, Augenblick
hind, hinna, hinda, hindu	Preis, Wert
häda, häda, häda, hädasid	Not, Mühe, Elend
idee, idee, ideed, ideid	Idee, Einfall, Gedanke
keel, keele, keelt, keeli	Sprache; Zunge
kell, kella, kella, kelli	Glocke, Uhr
kirjandus, -duse, -dust, -dusi	Literatur
kirjanik, kirjaniku, kirjanikku, kirjanikke	Schriftsteller/in
kroon, krooni, krooni, kroone	Krone
minut, minuti, minutit, minuteid	Minute
muusika, muusika, muusikat	Musik
plaan, plaani, plaani, plaane	Plan
pool, poole, poolt, pooli	Hälfte, Seite; halb
rida, rea, rida, ridu	Reihe
soov, soovi, soovi, soove	Wunsch

sõna, sõna, sõna, sõnu	Wort
tund, tunni, tundi, tunde	Stunde
Tõnu, Tõnu, Tõnut	(männlicher Vorname)
töö, töö, tööd, töid	Arbeit

Adjektive

ainus, ainsa, ainsat (ainust), ainsaid	einzig
hall, halli, halli, halle	grau
keeruline, -lise, -list, -lisi	kompliziert, verzwickt, verwickelt
odav, odava, odavat, odavaid	billig, preiswert
pruun, pruuni, pruuni, pruune	braun
rahulik, rahuliku, rahulikku, rahulikke	ruhig, gelassen, friedlich
rikas, rikka, rikast, rikkaid	reich
õnnetu, õnnetu, õnnetut, õnnetuid	unglücklich

Kleine Wörter

ent	aber, doch, jedoch
esimene, esimese, esimest, esimesi	erste, erster
hiljem	später
inglise	englisch
isegi	sogar
kaheksa, kaheksa, kaheksat	acht
kaks, kahe, kaht(e)	zwei
kokku	zusammen
kolm, kolme, kolme	drei
kuus, kuue, kuut	sechs
kümme, kümne, kümmet	zehn
milleks	wozu, weshalb
muide	unter anderem, übrigens
neli, nelja, nelja	vier
nimelt	nämlich
null, nulli, nulli	null
nõnda	so
otsas	zu Ende, aus
pisut	ein wenig
prantsuse	französisch
rohkem	mehr
rootsi	schwedisch
sageli	oft, häufig
saksa	deutsch
sama, sama, sama	dieselbe, derselbe, dasselbe
seitse, seitsme, seitset	sieben
sest	denn
soome	finnisch
taas	wieder, erneut
teine, teise, teist, teisi	zweite(r), andere(r)

tihti	oft, häufig
tuntud	bekannt, berühmt
vene	russisch
viis, viie, viit	fünf
üheksa, üheksa, üheksat	neun

Übungen

1. Setzen Sie das eingeklammerte Wort in den Partitiv:

Homme mul ei ole (aeg).	Homme mul ei ole aega.
Siin seisab viis (inimene).	Siin seisab viis inimest.
Kas sul on palju (raha)?	Kas sul on palju raha?
Ma ei oska saksa (keel).	Ma ei oska saksa keelt.
Ostan viis (raamat).	Ostan viis raamatut.
Seal on kaks (noor inimene).	Seal on kaks noort inimest.
Ma tunnen (sina) hästi.	Ma tunnen sind hästi.
Kas oskad inglise (keel)?	Kas oskad inglise keelt?
(See naine) ma ei tunne.	Seda naist ma ei tunne.
Majal on seitse (aken).	Majal on seitse akent.
Ostan kaks (ajaleht).	Ostan kaks ajalehte.
Armastan (sina).	Armastan sind.
Siit sõidab kolm (buss).	Siit sõidab kolm bussi.
Linnas on kaheksa (hotell).	Linnas on kaheksa hotelli.
Mul on kolm (hea idee).	Mul on kolm head ideed.
See jutt (mina) ei huvita.	See jutt mind ei huvita.
Ta vaatab tihti (kell).	Ta vaatab tihti kella.
(Kes) sa ootad?	Keda sa ootad?
Kuulan eesti (muusika).	Kuulan eesti muusikat.
Seal on viis (lehm).	Seal on viis lehma.

2. Schreiben Sie in den folgenden Sätzen die Zahlen aus:

Majas elab 6 inimest.	Majas elab kuus inimest.
Kas raamat maksab 4 või 5 krooni?	Kas raamat maksab neli või viis krooni?
Seal seisab 1 rong.	Seal seisab üks rong.
Ostan 9 raamatut.	Ostan üheksa raamatut.
7 on rohkem kui 5.	Seitse on rohkem kui viis.
Meil on 3 tüdrukut.	Meil on kolm tüdrukut.
Kas teil on 2 või 3 poega?	Kas teil on kaks või kolm poega?
Kell on juba 8.	Kell on juba kaheksa.

Nädalas on 7 päeva.   Nädalas on seitse päeva.
Tänaval on 4 või 5 meest.   Tänaval on neli või viis meest.
Tulen homme kell 4.   Tulen homme kell neli.
Neil on 6 last.   Neil on kuus last.
Siin istub 4 ja seal 10 last.   Siin istub neli ja seal kümme last.

3. Fügen Sie die Lösungen der folgenden Rechenaufgaben ein:

8-7+4   = viis
7-4   = kolm
6-3-2+9-6   = neli
10+4-7-6   = üks
2+6+1-2   = seitse
9-3   = kuus
10-3+2-4+3   = kaheksa
9+1-5+4   = üheksa
8-4-3+1   = kaks
5-4+9   = kümme

4. Schreiben Sie die folgenden (Telefon-)Nummern in Ziffern aus:

0551-706880   null-viis-viis-üks-seitse-null-kuus-kaheksa-kaheksa-null
040-8991474   null-neli-null-kaheksa-üheksa-üheksa-üks-neli-seitse-neli
00372-2-446832   null-null-kolm-seitse-kaks-kaks-neli-neli-kuus-kaheksa-kolm-
                 kaks
00358-0-5091515 null-null-kolm-viis-kaheksa-null-viis-null-üheksa-üks-viis-
                 üks-viis
069-586910   null-kuus-üheksa-viis-kaheksa-kuus-üheksa-kümme
                 (üks-null)

5. Setzen Sie das eingeklammerte Wort in den richtigen Kasus (Nominativ oder
   Partitiv):

Kas ootad (mina)?   Kas ootad mind?
Siin on (üks hea raamat).   Siin on üks hea raamat.
Ostan viis (raamat).   Ostan viis raamatut.
Homme mul ei ole (aeg).   Homme mul ei ole aega.
Mul on üks (poeg) ja kaks (tütar).   Mul on üks poeg ja kaks tütart.
Siin seisab viis (inimene).   Siin seisab viis inimest.
Kas sul on palju (raha)?   Kas sul on palju raha?
Ma ei oska saksa (keel).   Ma ei oska saksa keelt.
Seal on kaks (noor inimene).   Seal on kaks noort inimest.

Aga siin seisab ainult üks (poiss).   Aga siin seisab ainult üks poiss.
Ma tunnen (sina) hästi.   Ma tunnen sind hästi.
(Vene keel) talle ei meeldi.   Vene keel talle ei meeldi.
Mulle meeldib (see suur maja).   Mulle meeldib see suur maja.
Kas see raamat huvitab (sina)?   Kas see raamat huvitab sind?
Kas oskad inglise (keel)?   Kas oskad inglise keelt?
Eesti (keel) on väga ilus keel.   Eesti keel on väga ilus keel.
Kas tunned (see mees)?   Kas tunned seda meest?
Eestlased oskavad (eesti keel).   Eestlased oskavad eesti keelt.
(See mees) on mulle väga tuttav.   See mees on mulle väga tuttav.
(See naine) ma ei tunne.   Seda naist ma ei tunne.
Majal on seitse (aken).   Majal on seitse akent.
Ta vaatab tihti (kell).   Ta vaatab tihti kella.
Mul on (uus kell).   Mul on uus kell.
Ostan kaks (ajaleht).   Ostan kaks ajalehte.
Armastan (sina).   Armastan sind.
Kas (sina) armastad mind?   Kas sina armastad mind?
Linnas on kaheksa (hotell).   Linnas on kaheksa hotelli.
(See hotell) mulle ei meeldi.   See hotell mulle ei meeldi.
Mul on kolm (hea idee).   Mul on kolm head ideed.
Mul on ainult üks (hea idee).   Mul on ainult üks hea idee.
See jutt (mina) ei huvita.   See jutt mind ei huvita.
(Kes) sa ootad?   Keda sa ootad?
Kuulan eesti (muusika).   Kuulan eesti muusikat.
Seal on viis (lehm).   Seal on viis lehma.
Siit sõidab kolm (buss).   Siit sõidab kolm bussi.

LEKTION 8

Grammatik

GWE: Imperativ, Objekt, Zählbarkeit

Imperativ

Der Imperativ kann in zwei Tempora, Präsens und Perfekt, auftreten. Der Wesenszug dieses Modus ist nicht in allen Personen gleich: In der ersten Person (nur im Plural vorhanden) dient er einer allgemeinen Aufforderung an sich selbst, in der zweiten Person ist es ein direkter Befehl, in der dritten Person handelt es sich um einen indirekten Befehl oder auch um einen Wunsch. Die zweite Person Singular ist endungslos (Bildung von der ersten Person Singular Präsens durch Wegstreichen des **-n**), die anderen Formen haben eigene Suffixe und werden vom **da**-Infinitiv ausgehend gebildet (Wenn dieser auf **-da** endet, wird der Imperativ mit **g** gebildet, endet er auf **-ta** wird er mit **k** gebildet. Endet der **da**-Infinitiv auf keine der beiden Endungen, gibt es einige Ausnahmen):

kirjutama, kirjutada, kirjutan   schreiben:

2.sg.	**kirjuta!**	schreib!
3.sg.	**kirjutagu!**	schreibe sie/er!
		Soll sie/er schreiben!
1.pl.	**kirjutagem!**	laßt uns schreiben!
2.pl.	**kirjutage!**	schreibt, schreiben Sie!
3.pl.	**kirjutagu!**	schreiben sie (doch)!

ootama, oodata, ootan   warten:

2.sg.	**oota!**	warte!
3.sg.	**oodaku!**	warte sie/er!
1.pl.	**oodakem!**	laßt uns warten!
2.pl.	**oodake!**	wartet, warten Sie!
3.pl.	**oodaku!**	sollen sie warten!

lugema, lugeda, loen   lesen:

2.sg.	**loe!**	lies!
3.sg.	**lugegu!**	lese sie/er!

1.pl.	**lugegem!**	laßt uns lesen!
2.pl.	**lugege!**	lest, lesen Sie!
3.pl.	**lugegu!**	mögen sie lesen!

	olema, olla, olen	sein:
2.sg.	**ole!**	sei!
3.sg.	**olgu!**	sei sie/er!
1.pl.	**olgem!**	laßt uns sein!
2.pl.	**olge!**	seid, seien Sie!
3.pl.	**olgu!**	seien sie, mögen sie sein!

Die Verneinung des Imperativs (=Verbot) erfolgt mit einem besonderen Verneinungsverb, es wird der mit der Personalendung versehenen Imperativform vorangestellt:

2.sg.	**ära loe!**	lies nicht!
3.sg.	**ärgu lugegu!**	lese sie/er nicht!
1.pl.	**ärgem lugegem!**	laßt uns nicht lesen!
2.pl.	**ärge lugege!**	lest, lesen Sie, nicht!
3.pl.	**ärgu lugegu!**	mögen sie nicht lesen!

Objekt

Der Objektkasus ist im Singular der Genitiv und im Plural der Nominativ, aber das direkte Objekt kann in Abhängigkeit von der entsprechenden Verbform auch im Partitiv auftreten. Man spricht im Estnischen von Totalobjekt und Partialobjekt, um den verschiedenen Kasus des Objekts Rechnung zu tragen. Das Totalobjekt steht im Genitiv oder – von bestimmten Formen des Prädikats gefordert sowie im Plural – im Nominativ. Das Partialobjekt steht im Partitiv. Es gibt aber auch Verben (des Gefühls oder der Sinneswahrnehmung beispielsweise), bei denen das Objekt prinzipiell im Partitiv steht. Bei den übrigen Verben gilt für die Wahl des richtigen Objektkasus die folgende Reihenfolge: Bei Negation steht das Objekt im Partitiv. Bei nicht negierten Sätzen, die eine andauernde Handlung ohne Ergebnis bezeichnen, steht es ebenfalls im Partitiv. Wenn es sich um ein „Teilobjekt" handelt, d.h. eine unzählbare und nicht näher definierte Stoffmenge o.ä., steht gleichfalls der Partitiv. Trifft keine dieser drei Voraussetzungen zu, muß der Genitiv stehen. Unabhängig davon nimmt dieser Genitiv immer die Gestalt des Nominativs an, wenn es sich um einen Imperativ-Satz, einen Impersonal-Satz oder ein Objekt zu einem **da**-Infinitiv handelt:

Ma ostan raamatu. *(gen)*	Ich kaufe ein Buch.
Ma ei osta raamatut. *(par)*	Ich kaufe kein Buch.
Ostke see raamat! *(nom)*	Kauft dieses Buch!
On vaja osta see raamat. *(nom)*	Es ist nötig, dieses Buch zu kaufen.
Pole vaja osta seda raamatut. *(par)*	Es ist nicht nötig, dieses Buch zu kaufen.

Text

- Kuule, Jaan, kas annad nüüd raha tagasi või mitte?
- Kas sa tõesti ei saa enam oodata? Kas sul on nii kiire?
- Ma lihtsalt ei taha enam oodata. Anna mulle need kolm krooni tagasi, ole nii hea!
- Miks?
- Kurat, julged veel küsida?! See on ju minu oma, see kuulub mulle. Saad sa aru?
- Vaata, kulla mees, asi pole nii lihtne. Sinu raha on mulle väga kasulik, töötan sellega, tähendab...
- Lõpeta nüüd. Ma seletan sulle üht asja: kui sa usud, et võid...
- Aga oota veel kaks päeva. Siis on kõik korras!
- Suu kinni! Ma ei kuula sind enam. Kao ära! Lase jalga! Ma tulen homme uuesti, ja sina, sina tule ka, aga koos rahaga!

- Ants, mis valu sul on? Mis häda?
- Häda? Kuidas nii?
- Näed nii kurb välja. Mis on lahti? Räägi mulle! Kas süda? Kõht? Pea? Kas hakkad surema või?
- Ei, nii paha asi siiski pole. Aga kuule: Jaan ei maksa mulle mu raha tagasi ja ütleb, pane tähele, et ta töötab minu rahaga. Ma ei tea, kas naerda või nutta!
- Ära räägi, see on tõesti päris imelik lugu. Miks ta nõnda teeb?
- Ära küsi, ma ei tea. Võib-olla on tal arsti vaja, kes teab. Tõesti, ta muutub kogu aeg, ta pilk, ta silmad, ta pikad kõrvad...
- Ära ütle nii, tal pole viga midagi, ainuke häda on, et ta on nii vaene ja sina nii rikas.

- Noh vaadake, Ants ja Sirje! Jutustage meile, kust te nüüd tulete!
- Kuidas nii? Tuleme metsast.
- Metsast? Siis sinna saatus teid juhatab... Ajame natuke juttu saatusest ja armastusest! Jagage oma metsa-kogemust meiega!
- Täpselt! Rääkige, kõik huvitab meid.
- Ärge seda oodake! Minge ise metsa ja vaadake, kas oskate teed välja leida. Kuid ärge kukkuge merre! Või järve! Või jõkke!

- Oodake, teie naer lõpeb varsti.
- Ära ole nii kindel, seda sa ei või teada. Oota veel natuke aega, siis näed, kuidas lood on.

- Näeme küll. Ärgem kaotagem lootust! Varsti on kõik selge.
- Mis mõttes?
- Selles mõttes, et nad algavad.
- Millega?
- Oma jutuga. Olgem rahulikud. Algul peab alati ootama, pärast on kõik selge. Nii et meie ootame.
- Olgu, ma võin alustada, ja lõpetada ka: ma vajan raha. See on kõik. Arutage nüüd! Ma lähen ära.
- Võta Jaani käest raha tagasi! Või võta oma sõbranna käest! Meilt küsida pole mõtet!

- Jah, ta läheb tõesti ära, rumal inimene, mida me nüüd teeme?
- Sööme ja joome. Jah, unustame selle loo, söögem ja joogem hästi.
- Aga mida?
- Tahan õlut juua ja kala süüa.
- Kala? Kala ma siin küll ei näe.

- Aga kohvi võite juua. Seda on väga palju. Ja leiba ka. Isegi kartulit on.
- Kohutav! Kohvi ja leiba ja piima... Võin kohe vett juua. Kas tõesti kala pole? Või vähemalt liha?
- Oodake, siin on küll midagi. Ei tea, kas see on lind või loom või...
- Ära sellest võta, see on halb. Mine metsa, võta sealt, seal on kõik.
- Kas tahad, et hakkan puud sööma? Söögu teised seda, mina otsin muud.

- Loodan, et ta merre ei lähe.
- Või äkki kukub ta jõkke. On nii pime ja ta on päris üksi.
- Ega ta nii rumal ka ei ole. Ta on vana ja tark inimene.
- Las ta läheb. Ma valmistan toitu. Meie vähemalt hakkame sööma, eks ole?
- Muidugi, hakkame sööma, enne kui on liiga hilja. Öö saabub ja kuu juba tõuseb.
- Kuulge, ta tuleb juba tagasi.
- Ei tule, see on tuul.
- Aga seal ta liigub, näen üht väikest tuld.
- Ära ole rumal. Õhk liigub, sellisel õhtul on see tavaline.
- Kas oled selles kindel?
- Olen täiesti kindel. Viska kiviga ja vaata, kas ta karjub. Siis tead.
- Ma ei julge.
- Ära siis viska, aga ära karda!

- Olgu, ma usun. Kuigi mul on ikkagi hirm. Ja päris jahe on ka.
- Nüüd aitab. Läheme kohe koju, lõpetame selle jutu ära ja siis kohe magama!

Glossar

Verben

algama, alata, algan	beginnen, seinen Anfang nehmen
alustama, alustada, alustan	beginnen, in Angriff nehmen
arutama, arutada, arutan	beratschlagen, erörtern
jagama, jagada, jagan	teilen
juhatama, juhatada, juhatan	leiten, führen
julgema, julgeda, julgen	wagen, sich trauen
jutustama, jutustada, jutustan	erzählen, berichten
kaduma, kaduda, kaon	verschwinden, verlorengehen
kaotama, kaotada, kaotan	verlieren
kukkuma, kukkuda, kukun	fallen, stürzen
kuuluma, kuuluda, kuulun	gehören, angehören, zugehören
laskma, lasta, lasen	lassen; schießen
lõpetama, lõpetada, lõpetan	aufhören, Schluß machen
lõppema, lõppeda, lõpen	enden, zu Ende gehen
muutuma, muutuda, muutun	sich verändern
naerma, naerda, naeran	lachen
nutma, nutta, nutan	weinen
panema, panna, panen	legen, stellen, setzen
seletama, seletada, seletan	erklären
surema, surra, suren	sterben
tõusma, tõusta, tõusen	steigen, heraufsteigen
tähele panema	beachten, Obacht geben, bemerken
valmistama, valmistada, valmistan	zubereiten, anfertigen
viskama, visata, viskan	werfen

Substantive, Namen

algus, alguse, algust, algusi	Anfang, Beginn, Ursprung
armastus, armastuse, armastust, armastusi	Liebe
arst, arsti, arsti, arste	Arzt, Ärztin
hirm, hirmu, hirmu, hirme	Furcht, Angst
Jaan, Jaani, Jaani	(männlicher Vorname)
jutt, jutu, juttu, jutte	Rede, Erzählung, Gespräch
jalg, jala, jalga, jalgu	Fuß, Bein
jõgi, jõe, jõge, jõgesid	Fluß
järv, järve, järve, järvi	der See
kala, kala, kala, kalu	Fisch
kartul, kartuli, kartulit, kartuleid	Kartoffel
kivi, kivi, kivi, kive	Stein

kohv, kohvi, kohvi	Kaffee
kogemus, kogemuse, kogemust, kogemusi	Erfahrung
kord, korra, korda, kordi	Ordnung, Reihenfolge; Mal
kuld, kulla, kulda	Gold
kuu, kuu, kuud, kuid	Mond; Monat
kõrv, kõrva, kõrva, kõrvu	Ohr
liha, liha, liha	Fleisch
loom, looma, looma, loomi	Tier, Rind, Vieh
lootus, lootuse, lootust, lootusi	Hoffnung
meri, mere, merd, meresid	Meer, die See
mets, metsa, metsa, metsi	Wald
naer, naeru, naeru, naerusid	Gelächter, Lachen
piim, piima, piima	Milch
pilk, pilgu, pilku, pilke	Blick
puu, puu, puud, puid	Baum; Holz
saatus, saatuse, saatust, saatusi	Schicksal
silm, silma, silma, silmi	Auge
suu, suu, suud, suid	Mund
süda, südame, südant, südameid	Herz
toit, toidu, toitu, toite	Speise, Essen
tuli, tule, tuld, tulesid	Feuer, Licht
tuul, tuule, tuult, tuuli	Wind
täht, tähe, tähte, tähti	Stern; Zeichen; Buchstabe
valu, valu, valu, valusid	Schmerz
vesi, vee, vett	Wasser
viga, vea, viga, vigu	Fehler, Schaden, Defekt
õhk, õhu, õhku	Luft
öö, öö, ööd, öid	Nacht

Adjektive

ainuke(ne), -kese, -kest, -kesi	einzig
jahe, jaheda, jahedat, jahedaid	kühl
kasulik, kasuliku, kasulikku, kasulikke	nützlich
kohutav, kohutava, kohutavat, kohutavaid	schrecklich, furchtbar
paha, paha, paha, pahu	übel, schlimm, schlecht
rumal, rumala, rumalat, rumalaid	dumm, dämlich
tark, targa, tarka, tarku	klug, schlau
vaene, vaese, vaest, vaeseid	arm

Kleine Wörter

algul	anfangs, am Anfang
eks	nicht, nicht wahr? (Auch Frageeinleitung bei verneinten, teils rhetorischen Fragen)
enne	vorher, früher
enne kui	bevor
ikkagi	trotzdem

ise, enese/enda, ennast/end	selbst
koos	zusammen mit, mit
korras	in Ordnung
kuigi	obwohl
läbi	durch; vorbei
miski, millegi, midagi	etwas, irgendetwas
uuesti	erneut, wieder, von neuem
vaja	nötig
vähemalt	wenigstens
äkki	plötzlich
ära	nicht (beim Imperativ)
üksi	allein

Ausdrücke

Kao ära!	Verschwinde!
Kulla mees / inimene!	Guter Mann / Mensch! Mein(e) Beste(r)!
Lase jalga!	Hau ab!
Pole mõtet!	(Hat) keinen Sinn!

Übungen

1. Setzen Sie das eingeklammerte Verb in den Singular der 2. Person Imperativ:

(Vaatama) aknast välja!	Vaata aknast välja!
(Ootama) mind!	Oota mind!
(Andma) mulle kõik!	Anna mulle kõik!
(Võtma) mind kaasa!	Võta mind kaasa!
(Küsima) Sirje käest!	Küsi Sirje käest!
(Armastama) teda ometi!	Armasta teda ometi!
(Pakkuma) mulle üks õun!	Paku mulle üks õun!
(Olema) nii hea!	Ole nii hea!
(Unustama) see asi!	Unusta see asi!
(Jooma) piim ära!	Joo piim ära!
(Istuma) siia!	Istu siia!
(Vastama) mulle!	Vasta mulle!
(Mõistma) teda!	Mõista teda!
(Jääma) siia!	Jää siia!
(Sõitma) nüüd Tallinna!	Sõida nüüd Tallinna!
(Hakkama) nüüd sööma, laps!	Hakka nüüd sööma, laps!
(Viskama) kivi vette!	Viska kivi vette!
(Aitama) mind!	Aita mind!
(Magama) hästi!	Maga hästi!

(Panema) raamat lauale!   Pane raamat lauale!
(Kuulama) mind ometi!   Kuula mind ometi!
(Laskma) ta läheb!   Las ta läheb!
(Kirjutama) mulle varsti!   Kirjuta mulle varsti!
(Kaduma) ära!   Kao ära!
(Pidama) suu kinni!   Pea suu kinni!
(Lubama) mul siin olla!   Luba mul siin olla!
(Tulema) siia!   Tule siia!
(Lugema) see raamat läbi!   Loe see raamat läbi!
(Jooksma) koju!   Jookse koju!
(Alustama) nüüd!   Alusta nüüd!

2. Setzen Sie das eingeklammerte Verb in den Plural der 2. Person Imperativ:

(Mõtlema) uuesti!   Mõtelge (mõelge) uuesti!
(Jutustama) rohkem oma elust!   Jutustage rohkem oma elust!
(Arutama) nüüd asja!   Arutage nüüd asja!
(Naerma) ometi ükskord!   Naerge ometi ükskord!
(Seletama) mulle uuesti!   Seletage mulle uuesti!
(Vastama) mulle!   Vastake mulle!
(Sõitma) nüüd Tallinna!   Sõitke nüüd Tallinna!
(Maksma) mulle!   Makske mulle!
(Lõpetama) ometi see jutt!   Lõpetage ometi see jutt!
(Pakkuma) mulle üks õun!   Pakkuge mulle üks õun!
(Mängima) rongiga!   Mängige rongiga!
(Küsima) minu käest!   Küsige minu käest!
(Mäletama) mind!   Mäletage mind!
(Minema) teatrisse!   Minge teatrisse!
(Õppima) eesti keelt!   Õppige eesti keelt!
(Pidama) suu kinni!   Pidage suu kinni!
(Liikuma) nüüd!   Liikuge nüüd!
(Tulema) Tartusse!   Tulge Tartusse!
(Jagama) seda leiba!   Jagage seda leiba!
(Andma) mulle need ramatud!   Andke mulle need raamatud!
(Lugema) see raamat läbi!   Lugege see raamat läbi!
(Kõndima) edasi!   Kõndige edasi!
(Müüma) mulle see raamat!   Müüge mulle see raamat!
(Arvama) ära!   Arvake ära!
(Proovima) seda kohvi!   Proovige seda kohvi!
(Lahkuma), palun, nüüd!   Lahkuge, palun, nüüd!
(Kuulama) muusikat!   Kuulake muusikat!

(Kaduma) ära!   Kaduge ära!
(Juhatama) meid koju!   Juhatage meid koju!

3. Setzen Sie das eingeklammerte Verb verneint in den Singular der 2. Person
   Imperativ:

(Kukkuma) vette!   Ära kuku vette!
(Eksima) metsa!   Ära eksi metsa!
(Ütlema) seda!   Ära ütle seda!
(Ootama) siin!   Ära oota siin!
(Õppima) seda rumalat keelt!   Ära õpi seda rumalat keelt!
(Tegema) seda!   Ära tee seda!
(Proovima) seda kohvi!   Ära proovi seda kohvi!
(Unustama) seda!   Ära unusta seda!
(Lugema) seda raamatut!   Ära loe seda raamatut!
(Vastama) talle!   Ära vasta talle!
(Minema) kinno!   Ära mine kinno!
(Kartma) mind!   Ära karda mind!
(Kaduma) metsa!   Ära kao metsa!
(Otsima) siit leiba!   Ära otsi siit leiba!
(Nutma) nii palju!   Ära nuta nii palju!

4. Setzen Sie das eingeklammerte Verb verneint in den Plural der 2. Person
   Imperativ:

(Kukkuma) vette!   Ärge kukkuge vette!
(Lahkuma) veel, palun!   Ärge lahkuge veel, palun!
(Andma) raha!   Ärge andke raha!
(Ootama) enam!   Ärge oodake enam!
(Sööma) kõike!   Ärge sööge kõike!
(Tegema) seda!   Ärge tehke seda!
(Nutma) nii palju!   Ärge nutke nii palju!
(Töötama) nii palju!   Ärge töötage nii palju!
(Minema) koju!   Ärge minge koju!
(Ütlema) seda!   Ärge ütelge (öelge) seda!
(Vastama) talle!   Ärge vastake talle!
(Proovima) seda kohvi!   Ärge proovige seda kohvi!
(Ostma) seda temalt!   Ärge ostke seda temalt!
(Lugema) seda raamatut!   Ärge lugege seda raamatut!
(Panema) tähele!   Ärge pange tähele!

5. Setzen Sie die eingeklammerten Wörter in den richtigen Kasus (Nominativ, Genitiv oder Partitiv):

Homme ostan kaks (raamat).   Homme ostan kaks raamatut.
Ära (selline raamat) osta!   Ära sellist raamatut osta!
Tahan (sina) näha.   Tahan sind näha.
Võtan (raamat) kaasa.   Võtan raamatu kaasa.
Sulle ma ei müü (see raamat).   Sulle ma ei müü seda raamatut.
On teil kaks või kolm (laps)?   On teil kaks või kolm last?
Annan sulle (see foto).   Annan sulle selle foto.
Ostan kaks (pudel piima).   Ostan kaks pudelit piima.
Ostad ainult (üks pudel piima).   Ostad ainult ühe pudeli piima.
Kas sul on (aeg)?   Kas sul on aega?
Oodake veel kolm (minut)!   Oodake veel kolm minutit!
Võta (koer) kaasa!   Võta koer kaasa!
Ma ei taha (see pilt).   Ma ei taha seda pilti.
Mina ei oska prantsuse (keel).   Mina ei oska prantsuse keelt.
Ärge ütelge (see sõna)!   Ärge ütelge seda sõna!
Selles kaupluses on palju (leib).   Selles kaupluses on palju leiba.
Ma ei taha (see) kuulda.   Ma ei taha seda kuulda.
Kas kuuled (mina)?   Kas kuuled mind?
Panen (raamat) lauale.   Panen raamatu lauale.
Pane (uks) kinni!   Pane uks kinni!
(See asi) ma ei mõista.   Seda asja ma ei mõista.
Mina vajan (tema).   Mina vajan teda.
Siin on kolm (inimene).   Siin on kolm inimest.
Lõpetan (see lugu).   Lõpetan selle loo.
Näen (sina).   Näen sind.
Ma armastan (see suur maja).   Ma armastan seda suurt maja.
Kas räägite saksa (keel)?   Kas räägite saksa keelt?
(Missugune mäng) mängite?   Missugust mängu mängite?
Kas teil on (soe vesi)?   Kas teil on sooja vett?
Meil on (väike tütar).   Meil on väike tütar.

LEKTION 9

Grammatik

GWE: Adverb, Datumsangaben, Lokaladverb, Modaladverb, Numerale, Terminativ

Adverb (adv)

Das Adverb dient der semantischen Modifizierung von Verben und Adjektiven bzw. Adverbialbestimmungen. Die meisten Adjektive können durch Suffigierung regelmäßig zu Adverbien werden:

Suffix **-sti**, meist bei ein- und zweisilbigen Wörtern, wird an den Stamm des Adjektivs (= sg gen) angefügt:

adj sg gen	*adv*		
kõva	**kõva**	**kõvasti**	hart
ilus	**ilusa**	**ilusasti (ilusti)**	schön
halb	**halva**	**halvasti**	schlecht
kiire	**kiire**	**kiiresti**	eilig, schnell

Suffix **-lt**, entspricht dem Ablativ und wird meist bei mehrsilbigen Wörtern und Fremdwörtern verwendet:

adj sg gen	*sg abl = adv*		
lõbus	**lõbusa**	**lõbusalt**	lustig
harilik	**hariliku**	**harilikult**	gewöhnlich
vaikne	**vaikse**	**vaikselt**	still
täpne	**täpse**	**täpselt**	genau
intensiivne	**intensiivse**	**intensiivselt**	intensiv

Terminativ (ter)

Endung **-ni**, bezeichnet die Grenze und das räumliche oder zeitliche Ende eines Abschnitts:

Kelleni? Milleni? Kui kaua?   Bis zu wem? Bis wohin? Wie lange?

sg nom	*sg gen*	*sg ter*	
lõpp	**lõpu**	**lõpuni**	bis zum Ende
õhtu	**õhtu**	**õhtuni**	bis zum Abend
reede	**reede**	**reedeni**	bis Freitag
uks	**ukse**	**ukseni**	bis zur Tür

Im Terminativ kongruiert das Attribut nicht, sondern steht im Genitiv:

selle__ suure__ puuni   bis zu diesem großen Baum

Zahlwörter (II.)

100	**sada, saja, sada**
101	**sada üks, saja ühe, sada üht**
102	**sada kaks, saja kahe, sada kaht**
117	**sada seitseteist, saja seitsmeteistkümne, sada seitsetteistkümmend**
148	**sada nelikümmend kaheksa, saja neljakümne kaheksa, sada nelja-** **kümmend kaheksat**
200	**kakssada, kahesaja, kaht(e)sada**
999	**üheksasada üheksakümmend üheksa, üheksasaja üheksakümne** **üheksa, üheksatsadat üheksatkümmend üheksat**

1000	**tuhat, tuhande, tuhandet/tuhat** (die zweite Form als zweiter Be- standteil zusammengesetzter Zahlen)
1001	**tuhat üks, tuhande ühe, tuhandet üht(e)**
1689	**tuhat kuussada kaheksakümmend üheksa, tuhande kuuesaja** **kaheksakümne üheksa, tuhandet kuutsada kaheksatkümmend** **üheksat**
2000	**kaks tuhat, kahe tuhande, kaht tuhat**
3562	**kolm tuhat viissada kuuskümmend kaks, kolme tuhande viiesaja** **kuuekümne kahe, kolme tuhat viitsada kuutkümmend kaht(e)**

Die Ordnungszahlen werden gebildet, indem an den Genitiv der Grundzahl ein **-s** angefügt wird. Bei einigen wenigen Formen kommen Vokalveränderungen vor (z.B. 3.), für 1. und 2. gibt es eigene Stämme. Auch sie werden flektiert:

1. **esimene, esimese, esimest**
2. **teine, teise, teist**
3. **kolmas, kolmanda, kolmandat/kolmat**
4. **neljas, neljanda, neljandat**
5. **viies, viienda, viiendat**
6. **kuues, kuuenda, kuuendat**

7. **seitsmes, seitsmenda, seitsmendat**
8. **kaheksas, kaheksanda, kaheksandat**
9. **üheksas, üheksanda, üheksandat**
10. **kümnes, kümnenda, kümnendat**

Bei allen zusammengesetzten Zahlen erhält jeweils nur der letzte Bestandteil das Suffix für die Ordnungszahl, während alle anderen Bestandteile im Singular Genitiv der Grundzahl stehen:

11. **üheteistkümnes, üheteistkümnenda, üheteistkümnendat**
12. **kaheteistkümnes, kaheteistkümnenda, kaheteistkümnendat**
...
20. **kahekümnes, kahekümnenda, kahekümnendat**
21. **kahekümne esimene, kahekümne esimese, kahekümne esimest**
25. **kahekümne viies, kahekümne viienda, kahekümne viiendat**
30. **kolmekümnes, kolmekümnenda, kolmekümnendat**
...
100. **sajas, sajanda, sajandat**
1000. **tuhandes, tuhandenda, tuhandendat**

Text

- Eeva, mitmes täna on?
- Täna või? Kas mitte seitsmes? Ei, vist on kaheksas. Jah, kaheksas detsember.
- Millal Jaan tagasi tuleb?
- Missugune Jaan?
- Noh, see sinu naaber, see imelik inimene. Ta elab ju sinuga samas toas või korteris või vähemalt samal korrusel? Korter number seitseteist?
- Samas toas kindlasti mitte! Ja samas korteris ka mitte. Mul on nimelt number üheksateist.
- Ükskõik. See on tõesti täiesti ükskõik. Ta peab mulle igal juhul raha tagasi andma. Homme, üheksandal, on viimane päev! Vajan seda kiiresti.
- Vaene inimene! Vaevalt sa oma raha sel aastal veel tagasi saad. See armas noormees on ju reisil, ta on Venemaal ja jääb kuni järgmise aastani ära. Ta tuleb alles jaanuaris või isegi alles veebruaris kodumaale tagasi. Aga sa võid talle kirja saata!

- Kuhu ma talle kirjutan? Muide – ma ei tea, kas ta nii armas ongi.
- Loomulikult on ta väga armas poiss, ainult et ta unustab kergesti. Ning mõnikord on ta pisut aeglane. Vestlus temaga on alati hirmus! Tema vastused

tulevad nii aeglaselt: kui küsid temalt aprillis, mida ta arvab kevadest, möödub harilikult terve maikuu, enne kui ta juunis mõtlema hakkab; siis alustab ta lauset juulis ning kõneleb nii aeglaselt, et oled õnnelik, kui ta augustis katsub juttu lõpetada. Siiski on ta minu meelest väga meeldiv inimene.

- Olgu. See mind ei huvita. Mul on niisugune tunne, nagu tahad teda kaitsta ja mitte temast halvasti rääkida. Kuid see ei muuda asja: mul on seda raha hirmsasti vaja!

- Kui palju sa siis nõuad? Mina võin sulle viisteist või kakskümmend krooni anda, homseni. Või ütleme, et sa pead kümnendal või üheteistkümnendal tagasi maksma.
- Aitäh, see on sust väga kena. Aga sellest pole mul kasu, seda on kahjuks liiga vähe. Vajan kümme korda rohkem, sada viiskümmend. Kellelt ma võin veel küsida?
- Sa oled küll üks eriline isik. Julged niisama küsida sada viiskümmend krooni! Miks mitte kohe tuhat krooni? Või koguni miljon?
- Ära räägi nii rumalasti! Saad raha kohe tagasi. Pead ainult järgmise esmaspäevani ootama. Viieteistkümnendani. Oled nõus? Palun...
- Olgu, siin taskus on mul umbes kaheksakümmend, siis võtame siit veel kakskümmend viis, teeb sada viis, ja mida siin veel on? Võtmed, paberit, mingi vana arve, vaata, möödunud aastast, märtsist, ilus mälestus, ja veidi raha leidub siin ka, eks ole? Näe, panen veel kolmkümmend, nelikümmend, nelikümmend viis juurde. Kas jääd sellega rahule?
- Oh, aitäh! Mind rõõmustab, et sul on nii hea süda.

- Asta, tule kaasa, nüüd läheme poodi, mul on natuke raha.
- Mida sa tahad osta?
- Kingad muidugi. Kas sa ei mäleta? September, oktoober, november – terve sügis on möödas, ja mul on ikka veel ainult need vanad kingad. Nüüd on nende aeg läbi.
- Vaata, seal teises reas. Näed? Need on väga ilusad.
- Need mustad või?
- Ei, need on ju esimeses reas. Vaata vasakule.
- Ah soo, need pruunid, saan aru, need on kindlasti väga kallid.
- Ei, nüüd jälle pisut paremale, tee ometi silmad lahti!

- Mis numbrit te kannate?
- Ma ei tea, umbes kuuskümmend või kuuskümmend viis.
- Mis arvud need on? Ma räägin kinganumbrist!
- Oo, mina arvatavasti mitte. Vabandust. Kinga number... Võib-olla kolm-kümmend, kolmkümmend kaks.

- Kuulge, te ilmselt ei tea, kui suur jalg teil on. Oodake, ma vaatan. Näete, kolmkümmend kaheksa või kolmkümmend üheksa. Selge. Valige siit välja. Ja pärast vaatame, kas nad sobivad.
- Aitäh, me vaatame veel ringi ja otsustame siis, mida ostame.

- Kui palju nad maksavad?
- Need punased siin maksavad kaheksakümmend kaheksa ning need kollased seitsekümmend viis krooni. Aga siin on meil veel need mustad, need maksavad ainult nelikümmend viis viiskümmend. Väga odavad, kuid väga tugevad kingad.
- Ent nood rohelised. Kas need on sama odavad?
- Peaaegu, nad maksavad viiskümmend kaks, kuid nad pole üldse sama tugevad. Vaadake ise: väljas on nii külm, praegu sajab vihma või isegi lund või mis ta ongi. Sellise ilmaga peavad inimesel head kingad olema.
- Olen samal arvamusel. Kas ostame need? Või nood? Või hoopis mõlemad?
- Osta mõlemad, kui sul ometi ükskord raha on.
- Seda on küll, aga ma ei tea, kas küllalt palju.

- Näete, siin on mul sada kuuskümmend, kuid vaja on kakssada viis.
- Mis teha? Kiiresti ära joosta on üks võimalus, kuid mitte eriti hea.
- Seda arvan mina ka. Küsime parem, kas võime ka hiljem maksta. Näiteks teisel või kolmandal jaanuaril.
- Või neljandal märtsil või kuueteistkümnendal augustil? Mida te õieti arvate? Ärge tulge kauplusse, kui raha pole! Kuni viiendani võin oodata, mitte rohkem.
- Ärge kartke. Me võime kõik kohe ära maksta. Vaadake: sada, sada kakskümmend viis, sada viiskümmend, sada seitsekümmend viis, kakssada, ja veel viis. Ongi kõik.
- Tänan väga ja nägemist.
- Nägemiseni.

- Asta, enne kui sa koju lähed, ütle mulle oma telefoninumber!
- Miks?
- Mul pole seda!
- 706-880.
- Kuidas?

- 70-68-80. Ja mu isa oma on 43-25-45, mu ema oma aga 19-00-37. Kirjuta kõik need numbrid üles.
- Oota, ära räägi nii kiiresti. Ütle veel ükskord aeglaselt.
- Aga kuula nüüd hoolega: 70-68-80, see on minu oma, 43-25-45 on mu isa number, ja lõpuks 19-00-37, seal elab minu ema. Selge?

- Selge. Jooksen nüüd koju, homseni.
- Ei, homme ma ei tule, ei jõua, alles neljapäeval võin tulla.
- Noh, siis neljapäevani, eks ju?
- Mitmes see on? Kuueteistkümnes? Ei tea, kas mul sel neljapäeval aega on. Eks näeb. Aga reedel näeme kindlasti. Niisiis seitsmeteistkümnendani!

Glossar

Verben

kaitsma, kaitsta, kaitsen	verteidigen
kandma, kanda, kannan	tragen
katsuma, katsuda, katsun	versuchen, probieren
kõnelema, kõnelda, kõnelen	reden, sprechen
leiduma, leiduda, leidub	sich finden, vorhanden sein
muutma, muuta, muudan	ändern, verändern, abändern
mööduma, mööduda, möödun	vorbeigehen, verstreichen
nõudma, nõuda, nõuan	fordern, verlangen
nõus olema	einverstanden sein
otsustama, otsustada, otsustan	entscheiden, beschließen
rahule jääma	sich zufrieden geben
rõõmustama, rõõmustada, rõõmustan	erfreuen, erheitern
saatma, saata, saadan	schicken
sadama, sadada, sajab	(nur im Zusammenhang mit einer Niederschlagsart:) regnen, schneien, hageln
valima, valida, valin	wählen, auswählen
välja valima	auswählen
üles kirjutama	aufschreiben

Substantive, Namen

aasta, aasta, aastat, aastaid	Jahr
aprill, aprilli, aprilli	April
arv, arvu, arvu, arve	Zahl, Anzahl, Menge
arvamus, arvamuse, arvamust, arvamusi	Meinung, Auffassung
arve, arve, arvet, arveid	Rechnung
Asta, Asta, Astat	(weiblicher Vorname)
august, augusti, augustit	August
detsember, detsembri, detsembrit	Dezember
Eeva, Eeva, Eevat	(weiblicher Vorname)
hool, hoole, hoolt, hooli	Sorge, Sorgfalt
ilm, ilma, ilma, ilmu	Wetter, Witterung; Welt
isik, isiku, isikut, isikuid	Person
jaanuar, jaanuari, jaanuari	Januar
juuli, juuli, juulit	Juli

juuni, juuni, juunit	Juni
kasu, kasu, kasu, kasusid	Nutzen, Vorteil, Gewinn
kilomeeter, -meetri, -meetrit, -meetreid	Kilometer
king, kinga, kinga, kingi	Schuh
kiri, kirja, kirja, kirju	Brief, Schreiben, Schrift
kodumaa, kodumaa, kodumaad, kodumaid	Heimat, Heimatland, Vaterland
korrus, korruse, korrust, korruseid	Stockwerk, Etage
korter, korteri, korterit, kortereid	Wohnung
lause, lause, lauset, lauseid	Satz
lumi, lume, lund	Schnee
mai, mai, maid	Mai
meeter, meetri, meetrit, meetreid	Meter
mälestus, mälestuse, mälestust, mälestusi	Erinnerung, Andenken
märts, märtsi, märtsi	März
naaber, naabri, naabrit, naabreid	Nachbar/in
noormees, -mehe, -meest, -mehi	junger Mann, Jüngling, Bursche
november, novembri, novembrit	November
number, numbri, numbrit, numbreid	Nummer, Zahl, Ziffer
nõu, nõu, nõu	Rat, Ratschlag
oktoober, oktoobri, oktoobrit	Oktober
paber, paberi, paberit, pabereid	Papier
rahu, rahu, rahu	Frieden, Ruhe, Stille
reis, reisi, reisi, reise	Reise
september, septembri, septembrit	September
tasku, tasku, taskut, taskuid	(Hosen-)Tasche
telefon, telefoni, telefoni, telefone	Telefon
telefoninumber	Telefonnummer
tuba, toa, tuba, tube	Zimmer, Stube
tunne, tunde, tunnet, tundeid	Gefühl
vabandus, -duse, -dust, -dusi	Entschuldigung
vastus, vastuse, vastust, vastuseid	Antwort
veebruar, veebruari, veebruari	Februar
Venemaa, Venemaa, Venemaad	Rußland
vestlus, vestluse, vestlust, vestlusi	Gespräch, Unterhaltung
vihm, vihma, vihma	Regen
võimalus, võimaluse, võimalust, võimalusi	Möglichkeit
võti, võtme, võtit, võtmeid	Schlüssel

Adjektive

aeglane, aeglase, aeglast, aeglasi	langsam
armas, armsa, armsat/armast, armsaid	lieb, teuer
eriline, erilise, erilist, erilisi	eigenartig, speziell, besonders
harilik, hariliku, harilikku, harilikke	gewöhnlich, normal, üblich
hirmus, hirmsa, hirmsat, hirmsaid	schrecklich, furchtbar, grausig
kerge, kerge, kerget, kergeid	leicht, einfach, mühelos
külm, külma, külma, külmi	kalt

loomulik, loomuliku, loomulikku, loomulikke	natürlich
meeldiv, meeldiva, meeldivat, meeldivaid	angenehm, sympathisch
möödunud	vergangen, verflossen, letzt
parem, parema, paremat, paremaid	recht(s)
tugev, tugeva, tugevat, tugevaid	stark, kräftig, haltbar
vasak, vasaku, vasakut, vasakuid	link(s)
viimane, viimase, viimast, viimaseid	letze(r/s)

Kleine Wörter

ah soo	achso
hoolega	sorgfältig
ilmselt	offenbar
juurde	hinzu, dazu, zu
kahjuks	leider, bedauerlicherweise
kord	mal, einmal
kui palju	wieviel
koguni	ganz, sogar, selbst
kuni	bis
küllalt	genügend, genug
miljon, miljoni, miljonit, miljoneid	Million
mitmes, mitmenda, mitmendat	die/der/das wievielte
mitu, mitme, mitut	mehrere, viele; wieviel
möödas	vorbei
niisama	ebenso, einfach so, nur so
niisiis	also
niisugune, -suguse, -sugust, -suguseid	so eine(r/s), ein(e) solche(r/s)
peaaegu	beinahe, fast
ning	und, sowie, wie auch
ringi	umher, herum
sada, saja, sada/sadat, sadu	hundert
sama	ebenso
tuhat, tuhande, tuhat/tuhandet, tuhandeid	tausend
täis	voll
umbes	ungefähr, ca.
vabandust!	Entschuldigung! Verzeihung!
vaevalt	kaum
veidi	ein bißchen, ein wenig
vist	vielleicht, wohl
vähe	wenig, gering
väljas	draußen
ükskõik	egal, einerlei
üles	hinauf, herauf, auf-

Übungen

1. Bilden Sie das Adverb:

See rong sõidab väga (aeglane).   See rong sõidab väga aeglaselt.
Mõnikord sõidab ta aga väga (kiire).   Mõnikord sõidab ta aga väga kiiresti.
(Harilik) teen ma seda nõnda.   Harilikult teen ma seda nõnda.
Miks sa räägid nii (rumal)?   Miks sa räägid nii rumalasti?
Tema laulab väga (ilus).   Tema laulab väga ilusasti / ilusti.
Kas kõneleme liiga (lõbus)?   Kas kõneleme liiga lõbusalt?
Peame (kõva) mõtlema.   Peame kõvasti mõtlema.
Ela (hea)!   Ela hästi!
Seda teed sa väga (tore).   Seda teed sa väga toredalt/toredasti.
Miks sa ütled seda nii (kurb)?   Miks sa ütled seda nii kurvalt?
Sa mängid nii (kena).   Sa mängid nii kenasti.
Ära räägi nii (pikk)!   Ära räägi nii pikalt!
Kas tahad (tõsi) kaasa tulla?   Kas tahad tõesti kaasa tulla?
Meie töötame praegu (halb).   Meie töötame praegu halvasti.
Vasta, palun, (selge)!   Vasta, palun, selgesti/selgelt!
Mina tulen (kindel) esmaspäeval.   Mina tulen kindlasti esmaspäeval.
Ta naerab väga (imelik).   Ta naerab väga imelikult.
Müün need raamatud väga (odav).   Müün need raamatud väga odavalt.
Teen (rahulik) oma tööd.   Teen rahulikult oma tööd.
Peame (hirmus) tööd tegema.   Peame hirmsasti tööd tegema.

2. Setzen Sie das Adjektiv in die korrekte Form (Attribut oder Adverb):

Need autod on väga (kiire).   Need autod on väga kiired.
Kuid see buss sõidab ka (kiire).   Kuid see buss sõidab ka kiiresti.
Kas sul on (rahulik) töö?   Kas sul on rahulik töö?
Mulle meeldivad (tark) koerad.   Mulle meeldivad targad koerad.
Võin väga (rahulik) töötada.   Võin väga rahulikult töötada.
Tema mõtleb tõesti (aeglane).   Tema mõtleb tõesti aeglaselt.
Minu vanaisa on peaaegu (pime).   Minu vanaisa on peaaegu pime.
Minu vanaemad on mõlemad (pime).   Minu vanaemad on mõlemad pime-dad.

Ta räägib väga (puhas).   Ta räägib väga puhtalt.
Aga ta õpetab (halb).   Aga ta õpetab halvasti.
Ta ei ole (hea) õpetaja.   Ta ei ole hea õpetaja.
Need õunad on väga (magus).   Need õunad on väga magusad.
(Tavaline) on nad kõik (magus).   Tavaliselt on nad kõik magusad.
Miks ta kõneleb nii (vaikne)?   Miks ta kõneleb nii vaikselt?

Tal on väga (rikas) vanaisa.   Tal on väga rikas vanaisa.

3. Schreiben Sie die folgenden Datumsangaben aus (Ordinalzahl im Nominativ
   oder Adessiv und Monatsname):

Täna on 8.12.   Täna on kaheksas detsember.
Sõidan koju 15.1.   Sõidan koju viieteistkümnendal jaa-
                                          nuaril.

Homme on 7.4.   Homme on seitsmes aprill.
Järgmine esmaspäev on 4.3.   Järgmine esmaspäev on neljas
                                          märts.

Kas tuled tagasi 2.8.?   Kas tuled tagasi teisel augustil?
Ei, ma tulen alles 3.9.   Ei, ma tulen alles kolmandal
                                          septembril.

Kas täna on tõesti 24.6.?   Kas täna on tõesti kahekümne neljas
                                          juuni?

Kas tuled 5. või 6.2.?   Kas tuled viiendal või kuuendal
                                          veebruaril?

Vist tulen alles 10.5.   Vist tulen alles kümnendal mail.
Aga homme on juba 9.11.   Aga homme on juba üheksas no-
                                          vember.

14.7. on tähtis päev.   Neljateistkümnes juuli on tähtis päev.
Kas homme on juba 31.10.?   Kas homme on juba kolmekümne
                                          esimene oktoober?

Ei, homme on alles 29.10.   Ei, homme on alles kahekümne
                                          üheksas oktoober.

Mida sa teed 17.6.?   Mida sa teed seitsmeteistkümnendal
                                          juunil?

Ma saan selle raamatu alles 19.7.   Ma saan selle raamatu alles üheks-
                                          sateistkümnendal juulil.

4. Bilden Sie Sätze aus den folgenden Wörtern:

käima - sageli - te - kino   Te käite sageli kinos.
üksi - ei - mina - rong - sõitma   Mina ei sõida üksi rongiga.
jutustama - hoolega - tema - lugu   Ta jutustab lugu hoolega.
mina - teadma - ei - see - vähemalt   Vähemalt mina seda ei tea.
natuke - vaatama - ma - ringi   Ma vaatan natuke ringi.
peaaegu - möödas - olema - talv   Talv on peaaegu möödas.
koju - minema - sa - pigem   Sa lähed pigem koju.
äkki - olema - nii - tuul - jahe   Äkki on tuul nii jahe.
öö - külm - ikkagi - olema - eks   Eks öö ole ikkagi külm?

pime - vist - olema - väljas - väga
ma - maa - siis - algul - Tartu - sõitma
oskama - keel - hea - prantsuse - sa
minema - pidama - kiire - välja - me
olema - tõesti - korras - kõik - siin
see - teadma - tema - vaevalt.

Väljas on vist väga pime.
Algul sõidan ma Tartusse, siis maale.
Sa oskad hästi prantsuse keelt.
Me peame kiiresti välja minema.
Siin on tõesti kõik korras.
Tema seda vaevalt teab.

5. Lösen Sie die folgenden Rechenaufgaben und schreiben Sie die Lösung aus:

$5 + 8 =$ kolmteist
$17 + 21 =$ kolmkümmend kaheksa
$123 - 17 =$ sada kuus
$235 + 116 =$ kolmsada viiskümmend üks
$58 + 31 =$ kaheksakümmend üheksa
$58 + 68 =$ sada kakskümmend kuus
$174 - 30 =$ sada nelikümmend neli
$667 - 368 =$ kakssada üheksakümmend üheksa
$18 + 19 =$ kolmkümmend seitse
$178 - 80 =$ üheksakümmend kaheksa
$216 + 418 =$ kuussada kolmkümmend neli
$71 + 96 =$ sada kuuskümmend seitse
$567 + 791 =$ tuhat kolmsada viiskümmend kaheksa
$880 + 880 =$ tuhat seitsesada kuuskümmend
$999 + 1003 =$ kaks tuhat kaks

6. Setzen Sie den Terminativ ein:

Jään (hommik) siia.
Oodake kuni (järgmine esmaspäev).
Võin kella (viis) oodata.
Kas võid kuni (kaheksas) oodata?
Sõidan ainult (see maja).
Siit (see suur puu) on kilomeeter.
Kuni (sadam) on veel kaks tundi.
(August) pole mul vaba aega.
Töötan sageli (õhtu).
(Linn) on veel tund aega sõita.

Jään hommikuni siia.
Oodake kuni järgmise esmaspäevani.
Võin kella viieni oodata.
Kas võid kuni kaheksandani oodata?
Sõidan ainult selle majani.
Siit selle suure puuni on kilomeeter.
Kuni sadamani on veel kaks tundi.
Mul pole augustini vaba aega.
Töötan sageli õhtuni.
Linnani on veel tund aega sõita.

7. Setzen Sie den korrekten Kasus ein:

Tulen kell (viis) koju.	Tulen kell viis koju.
Tulen koju (viies oktoober).	Tulen koju viiendal oktoobril.
Jään Tartusse (viis) (kuus).	Jään Tartusse viiest kuueni.
(Mitmes) sa ära sõidad ?	Mitmendal sa ära sõidad?
(Detsember) olen sageli Tallinnas.	Detsembris olen sageli Tallinnas.
(Reede) lähen sinuga kinno.	Reedel lähen sinuga kinno.
(Hommik) lähen tööle.	Hommikul lähen tööle.
Jään sinna (õhtu).	Jään sinna õhtuni.
Kas sul on (esmaspäev) aega?	Kas sul on esmaspäeval aega?
Võib-olla jään kuni (pühapäev) koju.	Võib-olla jään kuni pühapäevani koju.

LEKTION 10

Grammatik

GWE: Abessiv, Konditional, Konditionalität, Konjunktion, Partikelverb, Postposition, Präposition

Abessiv (abe)

Endung **-ta**, bezeichnet das Nichtvorhandensein oder Fehlen einer Sache oder einer Person:

Kelleta? Milleta?   Ohne wen? Ohne was?

sg nom	*sg gen*	*sg abe*	
raha	**raha**	**rahata**	ohne Geld
lootus	**lootuse**	**lootuseta**	ohne Hoffnung
probleem	**probleemi**	**probleemita**	ohne Problem

Im Abessiv kongruiert das Attribut nicht, sondern steht im Genitiv:

selle__ suure__ puuta   ohne diesen großen Baum

Konditional

Der Konditional hat im Präsens das Kennzeichen **-ks(i-)**, das an den Stamm des Indikativ Präsens angefügt wird, indem die Personalendung **-n** der ersten Person Singular ersetzt wird. Hinter das Suffix für den Konditional treten dann wieder die Personalendungen (Ausnahmen in der 3. Person!):

olema, olla, olen sein

ma oleksin	ich wäre	**me oleksime**	wir wären
sa oleksid	du wärst	**te oleksite**	ihr wäret
ta oleks	sie/er wäre	**nad oleksid**	sie wären

lugema, lugeda, loen   lesen

ma loeksin	ich läse, ich würde lesen
sa loeksid	du läsest, du würdest lesen
ta loeks	er läse, sie würde lesen
me loeksime	wir läsen, wir würden lesen
te loeksite	ihr läset, Sie würden lesen
nad loeksid	sie läsen, sie würden lesen

Umgangssprachlich wird bei allen Verben für alle Personen die Kurzform ohne Personalendung benutzt: **ma oleks, te loeks**.

Bei der *Verneinung* tritt die Verneinungspartikel **ei** vor das Verb, bei dem die Personalendung dann wegfällt:

ma ei oleks	ich wäre nicht
sa ei oleks	du wärst nicht
ta ei oleks	sie/er wäre nicht
me ei oleks	wir wären nicht
te ei oleks	ihr wäret nicht
nad ei oleks	sie wären nicht

ma ei loeks	ich läse nicht, ich würde nicht lesen
sa ei loeks	du läsest nicht, du würdest nicht lesen
ta ei loeks	er läse nicht, sie würde nicht lesen
me ei loeks	wir läsen nicht, wir würden nicht lesen
te ei loeks	ihr läset nicht, Sie würden nicht lesen
nad ei loeks	sie läsen nicht, sie würden nicht lesen

Postpositionen, Präpositionen

Obwohl viele Bezüge durch die verschiedenen Kasus ausgedrückt werden, gibt es auch Postpositionen und Präpositionen. Die Postpositionen sind meistens entstanden aus flektierten Substantiven bzw. Lokaladverbien, daher gibt es vielfach Dreiergruppen für die drei verschiedenen Lokalkasus (Ruhe, Richtung, Trennung):

Ta istub laua all. *(Ruhe)*	Er sitzt unter dem Tisch
Ta läks laua alla. *(Richtung)*	Er ging unter den Tisch.
Ta tuleb laua alt. *(Trennung)*	Er kommt unter dem Tisch hervor.

Der Großteil der Postpositionen steht mit dem Genitiv, die meisten Präpositionen mit dem Partitiv, bei beiden Gruppen gibt es aber eine Reihe von Ausnahmen.

Text

- Kuule, Eeva, kas oled nüüd rahul?
- Miks ma ei peaks olema? Loomulikult olen. Kõik on korras, nagu peabki olema.
- Kas tõesti?
- Jah.
- Võiksid küll natuke rohkem jutustada. Tahaksin ometi teada, miks sa äkki nii rõõmus oled.

- See on isiklik asi. Pole mõtet kõike kohe ära rääkida. Oota natuke aega, siis saad teada. Praegu ma veel ei taha, et igaüks seda teaks.
- Mida?
- Noh, ära küsi. Jäta nüüd järele, hakkad juba häirima.

- Ants, kas sina tead, mis Eevaga lahti on?
- Kust mina peaksin teadma? On ta haige?
- Ei, vastupidi, ta näeb nii võõras ning samuti rõõmus välja, nagu oleks ta tõesti väga õnnelik. Mina tahaksin heameelega teada, mis temaga lahti on.
- Võiksime ju ta käest küsida, eks ole?
- Ma küsiks alles homme, praegu on veel vara, mulle tundub, et ta praegu ei vastaks. Teisest küljest – minu poolest võid juba tänagi küsida, tahan ainult, et sa liiga palju ei ootaks. Tuleksin isegi kaasa.

- Võib-olla on tema juures külalised. Siis ei sobiks üldse küsida.
- Seda näeme siis, kui oleme kohal. Aja jooksul saame kõik teada, hoolimata sellest, kas ta tahab meile seda jutustada või ei taha. Ma tunnen teda, sellised inimesed lihtsalt ei suuda oma suud kinni hoida. Teisiti ei saa. Varem või hiljem hakkavad nad rääkima. Nad nagu teaksid, et me ei lähe ära ilma selle teateta!
- Ja sina arvad, et võiksime praegu niisama sinna minna. Mulle meeldiks rohkem, kui ta ise tuleks meile ütlema, mis temaga lahti on.
- Saan aru, sest siis ta ei märkakski, kui kangesti sina kõike teada tahaksid!
- Kas sa mäletad, kus ta elab?
- Ei mäleta. Sina ka mitte? Aga kes ta sõbranna on? Sina peaksid seda tingimata teadma, seda küll ei tohiks unustada. Mõtle ometi järele!
- Mõtlen juba kogu aeg, aga ikka ei tule meelde. Oota, kui läheksime siit vasakule, läbi metsa, pääseksime vist sinna suurele maanteele, ei, see pole hea tee, pigem paremale, siis, ei, see oleks väga rumal tegu, niisiis... võib-olla läheme jõe äärde. Aga ei, seal pole silda. Ning jõgi, olgugi et madal, ilma sillata on nagu leib ilma soolata, nii et...
- Mis sa räägid? On sul paha olla?
- Ei, mõtlen ainult järele, katsun meenutada, kus ta elab.
- Noh ja siis? Tulemusega või tulemuseta?
- Kardan küll, et ilma tulemuseta. Kui siin poleks nii pime, siis võiks ju midagi näha. Aga selline kuuta öö...

- Mis sa arvad, kui läheksime tagasi ja lükkaksime oma plaani pisut edasi? Homme võiks ju ka tulla, eks ole. Selle asemel, et siin pimedas ringi otsida, võiksime ka kuskil sees istuda ja õlut juua.
- Seda küll, ainult ma ei tea, kuidas ma siit tagasitee leiaksin...
- Armas taevas! Ilma minuta sa ei teaks sedagi, kus su voodi on. Tule nüüd,

juhatan sind metsast välja ja siis vaatame, mis teha.

- Näed, nüüd oleme kodus ja kõik on korras, eks ole. Või kas pole? Sooviksid sa veel midagi?
- Ei, ma tänan sind, sa oled väga kena.
- Kas tahaksid midagi juua? Õlut?
- Ei, aitäh, ma ei suuda enam. Võib-olla võtaksin teed või kohvi või midagi niisugust. Heameelega võtaksin teed, kui sul suhkrut ka oleks?
- Suhkrut mul siin praegu pole, mu naaber viib alati ära. Ei tea miks, tema jaoks peab mul alati siin mõni tükk suhkrut olema. Ta tuleb igal teisipäeval, täna ka, selle tõttu polegi mul praegu suhkrut. Soola on küll, aga see vist eriti ei sobi.

- Mida su naaber selle suhkruga teeb?
- Ma ei tea, vist sööb ära. Niisama. Tal on niisugune komme.
- Kes ta on? Millega ta tegeleb? Missugust ametit ta peab? Kas võiksid mulle seda ütelda?
- Kui ma seda teaksin. Istub terve päev köögis ja vahib aknast välja. Laua all lamab tema koer, laua peal tema pisikene kass. Vahel hüüab ta kurva häälega midagi ning kass hüppab laua pealt alla ja koer laua alt laua peale. Või vastupidi, ma ei mäleta.
- Väga huvitav, kuid see ei seleta, miks su naaber suhkrut sööb. Kuidas ta välja näeb?
- Tal on pikad tumedad juuksed, paksud huuled ja alati kurb nägu. Ta nina on väga peen, aga selg ja kael on üsna tugevad.

- Kas arvad, et see ütleb midagi tema iseloomu kohta?
- Ei arva, aga rohkem ma ei tea. Peaks tema juures käima, tema kõrval istuma ja vaatama, mida ta teeb.
- Ma ei tea, kas sellest olekski kasu. Mida sa teeksid, kui sa tema vastas istuksid? Koer ajaks kassi ümber laua taga, või kass koera, ükskõik, ja sina istuksid seal, naerataksid ega teaks, mida teha või küsida.
- Sul on õigus, enne seda peaks teadma, millega ta üldse tegeleb. Pärast võiks siis tema ametist rääkida.

- Olgu peale, lähme nüüd magama selle asemel, et järele mõtelda, mida su naaber teeb. Söögu sinu suhkrut. Kui see on tema õnn... Meil sünnib teed juua ka ilma suhkruta.
- Jah, see on tõsi, jätame ta rahule. Võtame püksid jalast ja heidame magama. Kas sul on ka minu jaoks voodi? Jääksin heameelega siia, ei tahaks praegu koju minna.
- Panen sind siia põrandale, siin saab kindlasti hästi magada.

- Kui ma sind ei sega, jään tõesti siia, aitäh.
- Palun, maga hästi.
- Head ööd.

Glossar

Verben

ajama, ajada, ajan	treiben, jagen
taga ajama	verfolgen, nachjagen
heitma, heita, heidan	werfen, schmeißen
hoidma, hoida, hoian	halten, aufbewahren, beschützen
kinni hoidma	zuhalten, dichthalten, festhalten
häirima, häirida, häirin	stören, beunruhigen
hüppama, hüpata, hüppan	springen, hüpfen
hüüdma, hüüda, hüüan	rufen, schreien, nennen
jätma, jätta, jätan	lassen
järele jätma	aufhören, nachlassen
lamama, lamada, laman	liegen
lükkama, lükata, lükkan	schieben, stoßen
edasi lükkama	verschieben
meenutama, meenutada, meenutan	in Erinnerung rufen
märkama, märgata, märkan	bemerken, erblicken, wahrnehmen
naeratama, naeratada, naeratan	lächeln
pääsema, pääseda, pääsen	gelangen, entkommen
segama, segada, segan	mischen, stören, verwirren
suutma, suuta, suudan	können, imstande sein, vermögen
sündima, sündida, sünnin	geboren werden, entstehen, sich ereignen; passen
tegelema, tegelda, tegelen	sich mit etwas beschäftigen, betreiben
tohtima, tohtida, tohin	dürfen
vahtima, vahtida, vahin	(an)starren, schauen, gucken
viima, viia, viin	bringen, wegbringen, wegtragen
välja nägema	aussehen
ära rääkima	ausplaudern

Substantive, Namen

amet, ameti, ametit, ameteid	Amt, Beruf, Gewerbe
huul, huule, huult, huuli	Lippe
hääl, hääle, häält, hääli	Stimme
iseloom, iseloomu, iseloomu, iseloome	Charakter
juus, juukse, juust, juukseid	Haar (gewöhnlich Plural: juuksed: Haare)
kael, kaela, kaela, kaelu	Hals
komme, kombe, kommet, kombeid	Sitte, Art und Weise, Brauch, Angewohnheit
köök, köögi, kööki, kööke	Küche
külaline, külalise, külalist, külalisi	Besucher/in, Gast
külg, külje, külge, külgi	Seite

maantee, maantee, maanteed, maanteid	Landstraße, Chaussee
nina, nina, nina, ninasid	Nase
nägu, näo, nägu, nägusid	Gesicht, Aussehen
põrand, põranda, põrandat, põrandaid	Fußboden
püksid, pükste, pükse	Hose(n)
selg, selja, selga, selgi	Rücken
sild, silla, silda, sildu	Brücke
sool, soola, soola	Salz
suhkur, suhkru, suhkrut	Zucker
taevas, taeva, taevast, taevaid	Himmel
tagasitee, -tee, -teed, -teid	Rückweg
teade, teate, teadet, teateid	Information, Mitteilung
tegu, teo, tegu, tegusid	Tat, Handlung
tool, tooli, tooli, toole	Stuhl
tulemus, tulemuse, tulemust, tulemusi	Ergebnis, Resultat
tükk, tüki, tükki, tükke	Stück
voodi, voodi, voodit, voodeid	Bett
võõras, võõra, võõrast, võõraid	Fremde/r, Gast

Adjektive

isiklik, isikliku, isiklikku, isiklikke	persönlich
kange, kange, kanget, kangeid	starr, steif, heftig, stark
madal, madala, madalat, madalaid	niedrig, flach
peen, peene, peent, peeni	klein, fein
pisike(ne), pisikese, pisikest, pisikesi	klein, winzig
tume, tumeda, tumedat, tumedaid	dunkel
võõras, võõra, võõrast, võõraid	fremd, seltsam, merkwürdig

Kleine Wörter

all	unter, unten
alla	nach unten, unter
alt	von unter...her, unter...heraus
asemel	statt, anstelle
ees	vor
eest	von...weg, von vorne; anstatt, für
enne	vor
enne seda	vorher
ette	vor, nach vorne
heameelega	gerne
hoolimata	zum Trotz, ungeachtet
ilma	ohne
jaoks	für
jooksul	während, im Laufe von, binnen
juures	bei
järele	nach
kohal	dort, da, anwesend, zur Stelle
kohta	hinsichtlich, über, bezüglich

kuskil	irgendwo
kõrval	neben, bei, an
kõrvale	beiseite, zur Seite
maha	nieder, auf den Boden, herunter
olgu peale	sei's drum, egal, o.k., einerlei
peal	auf, oben
pealt	von, von...herab
pigem	lieber, eher
poolest	von, von seiten, hinsichtlich
sees	drinnen
sellest hoolimata	trotzdem, desungeachtet
taga	hinter, nach
tagant	von hinten, hinter...hervor
taha	nach hinten, hinter
teisest küljest	andererseits
teisiti	auf andere Art, anders
tingimata	unbedingt, bestimmt, garantiert
tõttu	wegen
vahel	dazwischen; manchmal
vara	früh
varem	früher
varem või hiljem	früher oder später
vastas	gegenüber
vastu	gegen, gegenüber, entgegen
vastupidi	im Gegenteil, umgekehrt, im Gegensatz
äärde	zu, an, nach, an den Rande
ääres	an, bei, am Rande
üle	über
ümber	um...herum

Übungen

1. Setzen Sie die Verbform in die korrekte Form des Konditionals:

Lähen nüüd parem ära.	Läheksin nüüd parem ära.
Tahan tagasi tulla.	Tahaksin tagasi tulla.
Miks sa seda ei söö?	Miks sa seda ei sööks?
Kas sa võid selle ära juua?	Kas sa võiksid selle ära juua?
Miks sa mulle ei kirjuta?	Miks sa mulle ei kirjutaks?
Nad naeratavad rõõmsalt.	Nad naerataksid rõõmsalt.
Me vajame rohkem suhkrut.	Me vajaksime rohkem suhkrut.
Kas teie teate seda?	Kas teie teaksite seda?
Ta hüüab väga kõva häälega.	Ta hüüaks väga kõva häälega.
Mina jätan selle ära.	Mina jätaksin selle ära.
Nad tahavad kõike.	Nad tahaksid kõike.
Tema tuleb alles homme.	Tema tuleks alles homme.

Meie saame ka siia jääda.
Kas sind huvitab see raamat?
Muusika mind küll ei sega.
Nad tegelevad sellega heameelega.
Ma aitan, kui saan.
Seda ei tohi teha.
Kas sa viid selle kirja ära?
Kõnelen heameelega sellest asjast.
Valin ilusad kingad välja.
Varem või hiljem ta otsustab.
Magame heameelega koos.
Kas peame seda veel arutama?
Arutan seda koos oma õega.
Kas loed seda raamatut?
Miks ma ei loe?
Seda näen heameelega.
Sa võid mind kuulata.
Kuulan, kui saan.

Meie saaksime ka siia jääda.
Kas sind huvitaks see raamat?
Muusika mind küll ei segaks.
Nad tegeleksid sellega heameelega.
Ma aitaksin, kui saaksin.
Seda ei tohiks teha.
Kas sa viiksid selle kirja ära?
Kõneleksin heameelega sellest asjast.
Valiksin ilusad kingad välja.
Varem või hiljem ta otsustaks.
Magaksime heameelega koos.
Kas peaksime seda veel arutama?
Arutaksin seda koos oma õega.
Kas loeksid seda raamatut?
Miks ma ei loeks?
Seda näeksin heameelega.
Sa võiksid mind kuulata.
Kuulaksin, kui saaksin.

2. Setzen Sie den Abessiv korrekt ein:

Ilma (see raamat) oleks elu kurb.
Joon teed ilma (suhkur).
See korter on ilma (köök).
Kas see tuba on ilma (aken)?
Kardan, et ta tuleb ilma (sõber).
Ta lahkub ilma (hea mälestus).
Ta sõidab ilma (tema) ära.
Ta on (iseloom) inimene.
Täna on (kuu) öö.
Ta tuleb ilma (ema ja isa).
Nad otsustavad selle üle ilma (mina).
Teen seda ka ilma (huvitav tulemus).
Kas sul on (telefon) korter?
See on linn ilma (teater ja kino).
Täna on kurb hommik ilma (kohv).

Ilma selle raamatuta oleks elu kurb.
Joon teed ilma suhkruta.
See korter on ilma köögita.
Kas see tuba on ilma aknata?
Kardan, et ta tuleb ilma sõbrata.
Ta lahkub ilma hea mälestuseta.
Ta sõidab ilma temata ära.
Ta on iseloomuta inimene.
Täna on kuuta öö.
Ta tuleb ilma ema ja isata.
Nad otsustavad selle üle ilma minuta.
Teen seda ka ilma huvitava tu lemuseta.
Kas sul on telefonita korter?
See on linn ilma teatri ja kinota.
Täna on kurb hommik ilma kohvita.

3. Verwenden Sie die korrekte der eingeklammerten Post- oder Präpositionen:

Kass hüppab laua (peale, pealt, peal) maha.
Koer lamab laua (alla, alt, all).
Tool seisab laua (kõrvale, kõrvalt, kõrval)
Laua (peale, pealt, peal) istub kass.

Kass hüppab laua pealt maha.
Koer lamab laua all.
Tool seisab laua kõrval.
Laua peal istub kass.

Koer läheb laua (alla, alt, all).   Koer läheb laua alla.
Koer tuleb laua (alla, alt, all) välja.   Koer tuleb laua alt välja.
Lähen siit uksest (sisse, seest, sees).   Lähen siit uksest sisse.
Tulen teisest uksest (välja, väljast, väljas)   Tulen teisest uksest välja.
Poiss läheb (üle, läbi, peale) silla.   Poiss läheb üle silla.
Auto seisab maja (ette, eest, ees).   Auto seisab maja ees.
Auto sõidab maja (ette, eest, ees).   Auto sõidab maja ette.
Auto tuleb maja (taha, tagant, taga).   Auto tuleb maja tagant.
Koer hüppab laua (alla, alt, all) toolile.   Koer hüppab laua alt toolile.
Koer tuleb auto (taha, tagant, taga) välja.   Koer tuleb auto tagant välja.
Ema istub minu (kõrvale, kõrvalt, kõrval)   Ema istub minu kõrval(e).
Võtan piima kohvi (juurde, juurest, juures).   Võtan piima kohvi juurde.
Oleme oma sõbranna (juurde, juurest, juures).   Oleme oma sõbranna juures.
Raamatu (sisse, seest, sees) on ilusad pildid.   Raamatu sees on ilusad pildid.
Tule ja istu minu (kõrvale, kõrvalt, kõrval)!   Tule ja istu minu kõrvale!

4. Bilden Sie Sätze aus den folgenden Wörtern:

ma - istuma - kõrval - tool - sina   Ma istun sinu kõrval toolil.
ees - maja - mängima - Ants   Ants mängib maja ees.
taga - maja - ootama - Ants   Ants ootab maja taga.
auto - kõrval - seisma - sina   Sina seisad auto kõrval.
laud - kass - hüppama - peale   Kass hüppab laua peale.
väike - mets - sees - olema - maja   Metsa sees on väike maja.
koer - alt - tulema - laud - välja   Koer tuleb laua alt välja.
taga - maja - mets - olema   Maja taga on mets.
tagant - auto - Ants - välja - tulema   Auto tagant tuleb välja Ants.
ees - mängima - Piret - maja - Ants   Ants mängib Pireti maja ees.
kõrval - isa - istuma - lapsed   Lapsed istuvad isa kõrval.
tool - peale - koer - hüppama   Koer hüppab tooli peale.
raamat - võtma - pealt - laud - sa   Sa võtad laua pealt raamatu.
panema - asjad - peale - laud   Pane asjad laua peale!
taha - sõitma - auto - maja   Auto sõidab maja taha.
üle - laev - sõitma - meri   Laev sõidab üle mere.
ees - lamama - voodi - koer   Voodi ees lamab koer.
ette - maja - auto - sõitma   Auto sõidab maja ette.
välja - maja - jooksma - kass   Kass jookseb majast välja.

LEKTION 11

Grammatik

GWE: nud-Partizip, Präteritum, Temporaladverb

Präteritum

Das Suffix der ersten Vergangenheitsform ist bis auf einige Ausnahmen **-si- (-s, -is)**, das an den Stamm des **ma**-Infinitivs angefügt wird. Demzufolge steht das Präteritum bei Verben, die dem Stufenwechsel unterliegen, immer in der starken Stufe. Die 3. Person sg ist endungslos und endet auf **-s** oder, wenn der Stamm auf einen Konsonanten endet, auf **-is**. Die 3. Person pl endet – formgleich mit der 2. Person sg – stets auf **-d** (*nicht* auf **-vad**).

Präteritum mit dem Suffix **-si-**:

kirjutama, kirjutada, kirjutan   schreiben:

ma kirjutasin	ich schrieb	**me kirjutasime**	wir schrieben
sa kirjutasid	du schriebst	**te kirjutasite**	ihr schriebt
ta kirjutas	sie/er schrieb	**nad kirjutasid**	sie schrieben

lugema, lugeda, loen   lesen:

ma lugesin	ich las	**me lugesime**	wir lasen
sa lugesid	du last	**te lugesite**	ihr laset
ta luges	sie/er las	**nad lugesid**	sie lasen

andma, anda, annan   geben:

ma andsin	ich gab	**me andsime**	wir gaben
sa andsid	du gabst	**te andsite**	ihr gabt
ta andis	sie/er gab	**nad andsid**	sie gaben

Präteritum mit dem Suffix **-i**:
Eine kleine, aber sehr häufig vorkommende Gruppe von Verben, deren Stamm einsilbig ist und auf langen Vokal endet (außer **-ii** und **-üü**), sowie einige wenige mehrsilbige Verben haben das Suffix **-i**. Ein langer Vokal wird dabei gekürzt. Bei **oo** und **öö** tritt zusätzlich eine Vokalveränderung zu **õ** ein:

	saama, saada, saan	bekommen:	
ma sain	ich bekam	**me saime**	wir bekamen
sa said	du bekamst	**te saite**	ihr bekamt
ta sai	sie/er bekam	**nad said**	sie bekamen

	jooma, juua, joon trinken:		
ma jõin	ich trank	**me jõime**	wir tranken
sa jõid	du trankst	**te jõite**	ihr trankt
ta jõi	sie/er trank	**nad jõid**	sie tranken

	tulema, tulla, tulen	kommen:	
ma tulin	ich kam	**me tulime**	wir kamen
sa tulid	du kamst	**te tulite**	ihr kamt
ta tuli	sie/er kam	**nad tulid**	sie kamen

Das Verb **minema** 'gehen' hat einen eigenen Stamm im Präteritum:

	minema, minna, lähen	gehen:	
ma läksin	ich ging	**me läksime**	wir gingen
sa läksid	du gingst	**te läksite**	ihr gingt
ta läks	sie/er ging	**nad läksid**	sie gingen

nud-Partizip

Für die Verneinung des Präteritums (sowie für andere Formen) wird das Partizip Perfekt Aktiv verwendet. Es wird gewöhnlich vom **da**-Infinitiv ausgehend gebildet, indem die Infinitivendung (**-da, -ta, -la, -pa, -ra, -na**) durch **-nud** ersetzt wird:

ma-Infinitv	*da*-Infinitiv	*nud*-Partizip	
hakkama	**hakata**	**hakanud**	angefangen (habend)
lugema	**lugeda**	**lugenud**	gelesen
olema	**olla**	**olnud**	gewesen
oskama	**osata**	**osanud**	gekonnt
algama	**alata**	**alanud**	begonnen
panema	**panna**	**pannud**	gesetzt
kirjutama	**kirjutada**	**kirjutanud**	geschrieben

Bei einigen Verbgruppen gibt es Ausnahmen:

ma-Infinitv	*da*-Infinitiv	*nud*-Partizip	
tooma	**tuua**	**toonud**	gebracht
sööma	**süüa**	**söönud**	gegessen
andma	**anda**	**andnud**	gegeben
teadma	**teada**	**teadnud**	gewußt
tundma	**tunda**	**tundnud**	gefühlt, gekannt
tegema	**teha**	**teinud**	getan
nägema	**näha**	**näinud**	gesehen
minema	**minna**	**läinud**	gegangen
laskma	**lasta**	**lasknud**	gelassen; geschossen

Verneinung des Präteritums

Die Verneinung erfolgt, indem der Partikel **ei** das **nud**-Partizip nachgestellt wird:

Ma ei hakanud.	Ich fing nicht an.
Ta ei joonud.	Sie trank nicht.
Meie ei läinud.	Wir gingen nicht.

Text

- Tere, Eeva! Kus sa olid eile õhtul?
- Eile õhtul? Vist olin kogu aeg kodus. Ei, ma tulin alles kell seitse või pool kaheksa. Miks sa küsid?
- Noh, tahaks teada, mida sa tegid. Ma nägin sind nimelt pärastlõunal tänaval. Ants ja Jaan olid sinuga, te seisite raamatupoe akna ees. Mida te seal tegite?
- Ma ei mäleta, arvatavasti nägime üht huvitavat raamatut, mida muud võiks raamatupoe aknal märgata? Jah, tuligi meelde, nägin seda juba teist korda ning pidin seda nüüd ka neile näitama.
- Mis raamat see oli?
- See oli uus romaan, „Üleeile suri vanaema", vist tõlge prantsuse keelest, üks väga hea raamat.
- Aga kuule nüüd, see ei ole veel vastus mu küsimusele, kus sa eile õhtul olid. Ma tean nüüd, mida sa pärastlõunal tegid, aga õhtust pole mul veel aimugi!
- Kas sul on vaja seda teada?
- Vajadusest võib-olla pole mõttekas rääkida, aga ma tahtsin teada, kas sa vaatasid televiisorit või mitte. Sealt tuli üks põnev saade.
- Vaatasin küll, sest ma teadsin sellest saatest. Sa ju mõtlesid seda „Surm käis meie majas", eks ole?
- Ei, ma vaatasin hoopis „Surm ootas naabri aias"!

- Kuidas? Samal õhtul nad näitasid kahte samasugust filmi? Kuidas on see võimalik?
- Kui sul on kuusteist erinevat programmi, siis on kõik võimalik...

- Muide, kas sa ostsid selle raamatu ära? Kui palju see maksis?
- Ma tahtsin osta küll, kuid siis panin tähele, et mul polnud piisavalt raha kaasas. Läksin siis koju raha otsima, otsisin terve pärastlõuna ning lõpuks leidsingi midagi. Kakskümmend viis, sellest aitas, ja jooksin või lausa lendasin raamatupoodi tagasi. Aga see oli juba kinni...
- Seda ma arvasin, sest kell oli vist juba üle seitsme.
- Nii oligi. See rikkus mu tuju täiesti ära, olin hirmus vihane kogu maailma peale, kuigi ma teadsin, et olin ise süüdi. Niisiis, mis teha, lõin käega ning läksin koju ja istusin televiisori ette.

- Tähendab, sa ei ostnudki seda prantsuse romaani?
- Ei, nagu ma ütlesin, ei jõudnud ma enam õigel ajal poodi. Selle asemel sattusin televiisori ette, mida ma tõesti ei tahtnud! See on alati nii igav.
- Miks? Kas polnud sellest siiski kasu? Kas sa jäid magama?
- Ei jäänud, aga...
- No näed, kui sa magama ei jäänud, siis see ju tähendab, et filmi tasus vaadata, eks ole?! Selles mõttes sa kasutasid aega väga hästi.
- Noh, ma ei tea, kahtlen natuke. Aga ühest asjast ei saanud ma tõesti aru: miks nad selles filmis inglise keelt ei rääkinud? See oli ju ameerika film, seda oli selgesti näha, ja siis äkki toimus kogu tegevus saksa keeles! See mõjus ühtlasi naljakalt ja kummaliselt.
- Tead, sakslased on niisugused, nad tõlgivad rõõmuga kõik ära. See on muidugi rumalus, sest sel viisil nad katavad teise keele, teise kultuuri mõju, aga las nad olla nagu nad on. Mind see enam ei üllata. Ma mõtlesin, et sa teadsid seda, ma ei teadnudki, et sa ei teadnud!

- Ants, kas sa käisid eile kinos?
- Ei käinud, olin kontserdil. Miks sina seal ei olnud? Kas sa olid näitusel? Vaatasid seda moodsa kunsti näitust?
- Ei näinud.
- Kus sa siis olid, kas läksid kinno?
- Ei läinud, tegelikult tahtsin teatrisse minna, kuid Asta ei tahtnud. Jäime siis esialgu koju, kuulasime raadiot. Pärast läksime veel kohvikusse. Seal kohtasime Peetrit ja Eppu ning õhtu jätkus kõrtsis.
- Kõrtsis? Missuguses? Meie olime samuti terve õhtu ja pool ööd kõrtsis. See oli kusagil vanalinnas, mingis keldris, nime ma praegu ei mäleta.
- Ükskõik, peaasi, et õlu maitses!

- Seda küll, kuid ma ei tea, kas minu kõrtsis õlu maitses või ei maitsnud.
- Kuidas nii, kas sa ei proovinud?

- Ei, ma ei proovinud.
- Miks?
- Ma ei joonud õlut, ma ei tahtnudki.
- Mida sa siis jõid?
- Tellisin süüa ning jõin kuiva veini.
- Sõid ka? Kas sul oli nii palju raha?
- Küsimus polnud rahas, mul oli lihtsalt kõht tühi. Püüdsin seda mitte tähele panna, kuid ei saanud, ma pidin midagi sööma.

- Aga miks sa just kuiva veini tellisid?
- Mida sina siis telliksid? Ah, ma tean, sa vist läheksid restorani ning telliksid hoopis märga veini, kuna sa kardaksid, et kuiv vein ajab sind köhima...
- Ega ma nii loll ka ei ole!
- Noh, miks sa siis nii rumalasti küsisid?
- Ma ei küsinud sugugi rumalasti. Ma tahtsin ainult teada, miks sa ei tellinud näiteks valget viina või konjakit või mahla või piima...
- Ei, mine nüüd! Viin pole minu kõhu jaoks. See põleb nii kõvasti sees, et on tunne, otsekui põletaks see su terve kõhu. Pealegi teadsin, et neil on tänavu väga head veinid. Mullu ei olnud nende veinid sama head.

- Millal? Mullu?
- Täpselt, möödunud aastal, kui see sulle rohkem ütleb. Tookord käisin samuti selles restoranis, kuid nad pakkusid nii magusat veini, et ma ei suutnud seda juua.
- See pole mingi ime, oli ju nii kuum sügis.
- Millal?
- Kaks aastat tagasi, kui nad seda veini tegid.
- Ära räägi, see oli kolm aastat tagasi!
- Ei olnud! Tookord kuivas kõik ära ja mu isal polnudki veini.
- Kuidas nii? Kas tal on siis veinimägi?
- Muidugi, ta elab ju lõunas, Lõuna-Saksamaal. Seal on need mäed, kus kasvavad viinamarjad. Meil siin põhjas nad ei kasva, aga läänes, näiteks Prantsusmaal ja Hispaanias ja Itaalias.
- Oota, kas Itaalia on sinu meelest läänes?
- Seda ma ei ütelnud, aga päris idas ta ju ka ei ole. Kuid ütleme parem, et ta on lõunas, sul on õigus.
- Õigus või mitte õigus, see on mulle tegelikult ükskõik. Anna nüüd üks klaas, see on peaasi, siis joome ja mõtleme sügavalt järele. Eks sa seda soovinudki?
- Olgu peale, sul on jälle õigus.

Glossar

Verben

jätkuma, jätkuda, jätkun	dauern, sich fortsetzen, andauern
kahtlema, kahelda, kahtlen	zweifeln, bezweifeln
kasutama, kasutada, kasutan	gebrauchen, benutzen
kasvama, kasvada, kasvan	wachsen
katma, katta, katan	bedecken, verdecken
kohtama, kohata, kohtan	treffen, begegnen
kuivama, kuivada, kuivan	trocknen, vertrocknen
käega lööma, lüüa, löön	aufgeben, auf sich beruhen lassen, bei etwas bewenden lassen
köhima, köhida, köhin	husten
lööma, lüüa, löön	schlagen, hauen
maitsma, maitsta, maitsen	schmecken, probieren
meelde tulema, tulla, tulen	einfallen, in den Sinn kommen
mõjuma, mõjuda, mõjun	wirken, sich auswirken
põlema, põleda, põlen	brennen (itr.)
põletama, põletada, põletan	verbrennen (tr.)
püüdma, püüda, püüan	sich bemühen, sich anstrengen
rikkuma, rikkuda, rikun	verderben, zerstören
sattuma, sattuda, satun	geraten, treffen
tasuma, tasuda, tasun	bezahlen, sich lohnen, sich rächen
tellima, tellida, tellin	bestellen
toimuma, toimuda, toimun	stattfinden, sich ereignen, geschehen
tõlkima, tõlkida, tõlgin	übersetzen
üllatama, üllatada, üllatan	überraschen

Substantive, Namen

aed, aia, aeda, aedu	Garten
aim, aimu, aimu, aime	Ahnung, Idee, Vorstellung
film, filmi, filmi, filme	Film
Hispaania, Hispaania, Hispaaniat	Spanien
ida, ida, ida	Osten
ime, ime, imet, imesid	Wunder
Itaalia, Itaalia, Itaaliat	Italien
kelder, keldri, keldrit, keldreid	Keller
klaas, klaasi, klaasi, klaase	Glas, Trinkglas, Fensterglas
kohvik, kohviku, kohvikut, kohvikuid	Café
konjak, konjaki, konjakit	Cognac
kontsert, kontserdi, kontserti, kontserte	Konzert
kultuur, kultuuri, kultuuri	Kultur
kunst, kunsti, kunsti	Kunst
kuum, kuuma, kuuma, kuumi	Hitze
kõrts, kõrtsi, kõrtsi, kõrtse	Kneipe, Wirtshaus
käsi, käe, kätt, käsi	Hand; Arm

loll, lolli, lolli, lolle	Dummkopf, Idiot, Tölpel
lääs, lääne, läänt	Westen
maailm, maailma, maailma	Welt, Erde
mahl, mahla, mahla, mahlu	Saft
mõju, mõju, mõju, mõjusid	Wirkung, Einfluß
mägi, mäe, mäge, mägesid	Berg
näitus, näituse, näitust, näitusi	Ausstellung
peaasi, peaasja, peaasja, peaasju	Hauptsache
programm, -grammi, -grammi, -gramme	Programm
põhi, põhja, põhja	Norden
raadio, raadio, raadiot, raadiosid	Radio, Rundfunk
raamatupood, -poe, -poodi, -poode	Buchhandlung
restoran, restorani, restorani, restorane	Restaurant
rumalus, rumaluse, rumalust, rumalusi	Dummheit
rõõm, rõõmu, rõõmu, rõõme	Freude
saade, saate, saadet, saateid	Sendung; Begleitung
sakslane, sakslase, sakslast, sakslasi	Deutsche/r
surm, surma, surma, surmi	Tod
tegevus, tegevuse, tegevust, tegevusi	Handlung, Tätigkeit
televiisor, -viisori, -viisorit, -viisoreid	Fernseher
tuju, tuju, tuju, tujusid	Laune, Stimmung
tõlge, tõlke, tõlget, tõlkeid	Übersetzung
vajadus, vajaduse, vajadust, vajadusi	Notwendigkeit
vanalinn, -linna, -linna, -linnasid	Altstadt
vein, veini, veini, veine	Wein
viin, viina, viina, viinasid	Schnaps
viinamari, -marja, -marja, -marju	Weintraube, Weinbeere
viis, viisi, viisi, viise	Art, Weise; Melodie

Adjektive

erinev, erineva, erinevat, erinevaid	verschieden
igav, igava, igavat, igavaid	langweilig
kuiv, kuiva, kuiva, kuivi	trocken
kummaline, -lise, -list, -lisi	merkwürdig, komisch
kuum, kuuma, kuuma, kuumi	heiß, glühend
loll, lolli, lolli, lolle	dämlich, verrückt, idiotisch
moodne, moodsa, moodsat, moodsaid	modern
mõttekas, mõtteka, mõttekat, mõttekaid	sinnvoll
märg, märja, märga, märgi	naß
naljakas, naljaka, naljakat, naljakaid	lustig, spaßig, albern
põnev, põneva, põnevat, põnevaid	spannend
samasugune, -suguse, -sugust, -suguseid	gleichartig
sügav, sügava, sügavat, sügavaid	tief
vihane, vihase, vihast, vihaseid	wütend, böse

Kleine Wörter

eile	gestern
esialgu	erstmal, anfangs, vorerst
just	just, gerade, eben
kuna	da, weil
kusagil	irgendwo
lausa	geradezu, direkt
mullu	voriges Jahr
otsekui	als ob
pealegi	zudem, außerdem
pole aimugi!	keine Ahnung!
pärastlõunal	nachmittags
seest	von innen, innen
sugugi	überhaupt
süüdi	schuldig, schuld
tookord	damals
tänavu	dieses Jahr
ühtlasi	gleichzeitig, zugleich
üleeile	vorgestern

Übungen

1. Setzen Sie die Verbform in das Präteritum:

Millal sa koju lähed?	Millal sa koju läksid?
Kas sa saad sellest üldse aru?	Kas sa said sellest üldse aru?
Me istume rongis.	Me istusime rongis.
Nad ootavad kaua.	Nad ootasid kaua.
Mina tean seda hästi.	Mina teadsin seda hästi.
Mida teie sellest arvate?	Mida teie sellest arvasite?
Kas lapsed käivad koolis?	Kas lapsed käisid koolis?
Esmaspäeval lendan Hamburgi.	Esmaspäeval lendasin Hamburgi.
Millega nad mängivad?	Millega nad mängisid?
Päike paistab.	Päike paistis.
Kuhu nad sõidavad?	Kuhu nad sõitsid?
Nad tulevad vist Tallinnast.	Nad tulid vist Tallinnast.
Kas sa tahad koju sõita?	Kas sa tahtsid koju sõita?
Kus te elate?	Kus te elasite?
Me jääme siia.	Me jäime siia.
Kellega te reedel kohtute?	Kellega te reedel kohtusite?
Mida sa õieti mõtled?	Mida sa õieti mõtlesid?
Räägin nendele selle jutu ära.	Rääkisin nendele selle jutu ära.
Millal ta saabub?	Millal ta saabus?
Ma töötan palju.	Ma töötasin palju.
Kus see küla asub?	Kus see küla asus?

Nad hakkavad kohe naerma.   Nad hakkasid kohe naerma.
Ma jooksen koju.   Ma jooksin koju.
Kas te mäletate seda?   Kas te mäletasite seda?
Ma palun abi.   Ma palusin abi.
Te sööte liiga palju suhkrut.   Te sõite liiga palju suhkrut.
Me täname.   Me tänasime.
Nad usuvad kõike.   Nad uskusid kõike.
Võtan ta kaasa.   Võtsin ta kaasa.
Millal sa talle raha annad?   Millal sa talle raha andsid?
Juhtub seda ja teist.   Juhtus seda ja teist.
Nad kardavad väga.   Nad kartsid väga.
Kuulame terve päeva muusikat.   Kuulasime terve päeva muusikat.
Kas nad teevad ukse lahti?   Kas nad tegid ukse lahti?
See sobib talle hästi.   See sobis talle hästi.
Mulle tundub, et see on hea.   Mulle tundus, et see oli hea.
Mida sa ütled?   Mida sa ütlesid?
Miks sa mind armastad?   Miks sa mind armastasid?
See huvitab mind.   See huvitas mind.
Kas sa loed selle raamatu läbi?   Kas sa lugesid selle raamatu läbi?
Ma pean seda tegema.   Ma pidin seda tegema.
Me unustame kõik ära.   Me unustasime kõik ära.
Aga midagi te siiski õpite.   Aga midagi te siiski õppisite.
Ma lasen sul alustada.   Ma lasin sul alustada.
Te panete raamatud lauale.   Te panite raamatud lauale.
Viskan selle ära.   Viskasin selle ära.
Te kõnelete Matiga.   Te kõnelesite Matiga.
Kas jätad juba järele?   Kas jätsid juba järele?
Ta lööb mind.   Ta lõi mind.

2. Verneinen Sie die Sätze (achten Sie ggf. auf das Objekt!):

Miks sa koju läksid?   Miks sa koju ei läinud?
Nad said sellest aru.   Nad ei saanud sellest aru.
Me istusime rongis.   Me ei istunud rongis.
Nad ootasid kaua.   Nad ei oodanud kaua.
Mina teadsin seda täpselt.   Mina ei teadnud seda täpselt.
Kas lapsed käisid koolis?   Kas lapsed ei käinud koolis?
Esmaspäeval lendasin Hamburgi.   Esmaspäeval ma ei lennanud Hamburgi.
Meie mängisime palju.   Meie ei mänginud palju.
Päike paistis.   Päike ei paistnud.
Miks nad sõitsid?   Miks nad ei sõitnud?
Nad tulid Tallinnast.   Nad ei tulnud Tallinnast.

Kas sa tahtsid koju sõita?
Elasime Pärnus.
Me jäime siia.
Nad kohtusid laupäeval.
Mõtlesin sinule.
Rääkisin eesti keelt.
Ta saabus reedel.
Ma töötasin palju.
Nad hakkasid jooma.
Ma jooksin koju.
Kas te seda mäletasite?
Ma palusin abi.
Te sõite liiga palju suhkrut.
Me tänasime.
Nad uskusid kõike.
Võtsin ta kaasa.
Andsin talle raha.
Nad kartsid väga.
Kuulasime muusikat.
Nad tegid ukse lahti.
See sobis talle hästi.
See oli hea asi.
Mina ütlesin seda.
Miks sa armastasid mind?
See huvitas mind.
Ma pidin seda tegema.
Me unustasime selle.
Nad õppisid inglise keelt.
Ma lasin sul alustada.
Te panite raamatu lauale.
Viskasin selle ära.
Te kõnelesite Matiga.
Kas jätsid järele?
Ta lõi mind.
Maja põles maha.
Nad tõlkisid seda teksti.
See üllatas mind väga.
Ta hüppas voodisse.
Ta suutis seda teha.
Ma olin nõus.
Nad alustasid.

Kas sa ei tahtnud koju sõita?
Me ei elanud Pärnus.
Me ei jäänud siia.
Nad ei kohtunud laupäeval.
Ma ei mõelnud sinule.
Ma ei rääkinud eesti keelt.
Ta ei saabunud reedel.
Ma ei töötanud palju.
Nad ei hakanud jooma.
Ma ei jooksnud koju.
Kas te seda ei mäletanud?
Ma ei palunud abi.
Te ei söönud liiga palju suhkrut.
Me ei tänanud.
Nad ei uskunud kõike.
Ma ei võtnud teda kaasa.
Ma ei andnud talle raha.
Nad ei kartnud väga.
Me ei kuulanud muusikat.
Nad ei teinud ust lahti.
See ei sobinud talle hästi.
See polnud hea asi.
Mina ei ütelnud seda.
Miks sa ei armastanud mind?
See ei huvitanud mind.
Ma ei pidanud seda tegema.
Me ei unustanud seda.
Nad ei õppinud inglise keelt.
Ma ei lasknud sul alustada.
Te ei pannud raamatut lauale.
Ma ei visanud seda ära.
Te ei kõnelnud Matiga.
Kas sa ei jätnud järele?
Ta ei löönud mind.
Maja ei põlenud maha.
Nad ei tõlkinud seda teksti.
See ei üllatanud mind väga.
Ta ei hüpanud voodisse.
Ta ei suutnud seda teha.
Ma ei olnud nõus.
Nad ei alustanud.

LEKTION 12

Grammatik

GWE: Essiv, Komparation, Komparativ, Superlativ, Translativ

Essiv (ess)

Endung **-na,** bezeichnet den dauernden Zustand, in dem sich etwas befindet und in dem Handlungen ausgeführt werden:

Kellena? Millena?   Als wer? Als was?

sg nom	sg gen	sg ess	
isa	**isa**	**isana**	als Vater
poiss	**poisi**	**poisina**	als Junge
arst	**arsti**	**arstina**	als Arzt/Ärztin

Wie Terminativ, Abessiv und Komitativ kongruiert auch im Essiv das Attribut *nicht* mit dem Beziehungswort, sondern steht im Genitiv:

väikse__ poisina   als kleiner Junge

Translativ (tra)
Endung **-ks,** bezeichnet die Umwandlung, den Übergang in einen anderen Zustand oder das Werden zu etwas:

Kelleks? Milleks?   Zu wem? Wozu? Als was?

sg nom	sg gen	sg tra	
isa	**isa**	**isaks** (saama)	(zum) Vater (werden)
suur	**suure**	**suureks** (kasvama)	groß (werden/'wachsen')

Komparativ (cmp)
Die erste Steigerungsform des Adjektivs wird gebildet, indem das Kennzeichen **-m** an den Stamm (= sg gen) des Adjektivs (im Positiv – pos) angefügt wird:

nom pos	*gen pos*	*nom cmp*	
ilus	**ilusa**	**ilusam**	schöner
suur	**suure**	**suurem**	größer
uus	**uue**	**uuem**	neuer
tore	**toreda**	**toredam**	toller, herrlicher

Einige im Genitiv zweisilbige Adjektive, die auf **a** oder **u** enden, verändern ihren zweiten Vokal zu **e**:

nom pos	*gen pos*	*nom cmp*	
vana	**vana**	**vanem**	älter
halb	**halva**	**halvem**	schlechter
paks	**paksu**	**paksem**	dicker

Einige Adjektive haben unregelmäßige Komparativformen:

pos	*cmp*	
hea	**parem**	besser
lähedane	**lähem**	näher
lühike	**lühem**	kürzer
palju	**enam**	mehr
pisike	**pisem**	kleiner
õhuke	**õhem**	dünner

Der Genitiv des Komparativs endet in jedem Fall auf -*a*, der Partitiv auf -*at*:

nom cmp	*gen cmp*	*par sg cmp*	*par pl cmp*
vanem	**vanema**	**vanemat**	**vanemaid**
ilusam	**ilusama**	**ilusamat**	**ilusamaid**
parem	**parema**	**paremat**	**paremaid**

Superlativ (sup)

Die zweite Steigerungsform des Adjektivs wird gebildet, indem der Komparativform die Partikel **kõige** vorangestellt wird:

pos	*cmp*	*sup*	
ilus	**ilusam**	**kõige ilusam**	(die/der/das) schönste
uus	**uuem**	**kõige uuem**	neuste
suur	**suurem**	**kõige suurem**	größte
pime	**pimedam**	**kõige pimedam**	dunkelste
vana	**vanem**	**kõige vanem**	älteste

halb	**halvem**	**kõige halvem**	schlechteste
paks	**paksem**	**kõige paksem**	dickste

Bei einigen Adjektiven kann der Superlativ zusätzlich mit dem Suffix **-i** gebildet werden, das der Komparativendung **-m** vorausgeht:

nom	*sup*	
pime	**pimedaim** (= **kõige pimedam**)	dunkelste
tähtis	**tähtsaim** (= **kõige tähtsam**)	wichtigste
kena	**kenim** (= **kõige kenam**)	netteste
uus	**uusim** (= **kõige uuem**)	neueste
suur	**suurim** (= **kõige suurem**)	größte
vana	**vanim** (= **kõige vanem**)	älteste
halb	**halvim** (= **kõige halvem**)	schlechteste
paks	**paksim** (= **kõige paksem**)	dickste

Adverbien

Im Komparativ wird bei Adverbien das Suffix *–sti* durch das Suffix *–mini* ersetzt, wobei gegebenenfalls das *a* in *e* verändert. Steht im Positiv das Adverb im Ablativ, wird dieser Kasus auch beim Komparativ verwendet. Im Superlaytiv wird dem Komparativ *kõige* vorangestellt:

adv pos	adv cmp	adv sup
kiiresti	**kiiremini**	**kõige kiiremini**
halvasti	**halvemini**	**kõige halvemini**
korralikult	**korralikumalt**	**kõige korralikumalt**

Text

- Peeter, tule nüüd siia ja seleta mulle üks asi ära: miks sa eile jälle kaks raamatut ostsid? Miks sa ei kuula mind? Ma ju keelasin!
- Ei keelanud! See lõbus lugu „Ahvina Eesti Vabariigis" ilmus nüüd ning selle tohtisin osta küll.
- Mis tähendab, et ilmus nüüd? Ta oli ju ühes ajakirjas joonealusena.
- Seda küll, aga nüüd ilmus ta raamatuna, selline paks, korralik väljaanne, vaata, kas pole ilus? Sa pead tunnistama, et sellisena on ta palju ilusam kui joonealusena mingis ajakirjas, eks ole?!
- Noh ei, ajakirjanikuna hindan seda lugu siiski joonealusena, kuna nõnda jõuab ta kiiremini lugejani. Mida varem seda parem. Hiljem, raamatuna, ta ei mõju enam nii hästi.

- Mart, kas sulle meeldib see raamat? Kas pead seda ilusaks väljaandeks?
- Ah, kuule, see on suurepärane väljaanne, seda kindlasti, aga kaane värv mulle ei meeldi. Toredam oleks, kui ta oleks natuke kollasem. Nüüd on ta kuidagi liiga roheline.
- Roheline? Mina nimetaksin seda küll siniseks, vaata siit...
- Kui sa seda ei tunnista roheliseks, siis pean küll kahtlema, kas sa üldse tead, milles erinevad sinine ja roheline. Kas tead? Sinine on nimelt heledam kui roheline, ning roheline on jälle tumedam kui punane. Ning veri on paksem kui vesi. Küllap sa kasvad veel suureks, siis näed paremini.

- Ants, kas kuulsid juba, Mart läks segaseks. Tähendab, päris tark ei olnud ta ju kunagi, aga nüüd läks ta täitsa hulluks.
- Tahtsid vist ütelda, et veel hullemaks, eks ole, kui ta mõistus oli nagunii juba natuke nõrk. Või oli asi hoopis niiviisi: tema mõistus jäi nõrgaks edasi, aga me teised saime targemaks. See on ju ka üks võimalus.
- Ma ei tea, sellest saadik, kui ta sai selle tehase juhatajaks, muutus ta nii imelikuks, ta nägu muutus ka nii võõraks, see näib tal nüüd pigem kala kui inimese näona.
- Aga selles asi ongi: ta sai tõeliseks vanaks kalaks, noore poisina oli ta lihtsalt värskem ja nii kena inimene, nüüd ta sai vanaks, ta on võimu juures, võim on tal käes, varsti pääseb ta võib-olla valitsuse liikmeks, aga seoses sellega kaotas ta kõik paremad omadused. Ning hea mõistuse ka...
- Olgu see meile õpetuseks, ärgem mingem võimule ligi!

- Piret, üks küsimus, kas see sinine raamat on ilusam kui too roheline?
- Ma näen siin kaht sinist raamatut ja samuti kaht rohelist.
- Seda väiksemat sinist ma ei kutsuks raamatuks, see on ju vihik. Võrdle seda selle suurema rohelisega, siis näed, et ta on palju õhem, kuigi ta näib samuti raamatuna. Minu meelest on ta siiski ainult vihik.
- Ent see teine roheline, milleks sa seda nimetaksid?
- See on korralik raamat, paks teos, palju huvitavam kui mitmed muud, teaduses üks suur samm edasi, suuremat saavutust ma ei mäletagi...
- Millisest seadusest sa rääkisid?
- Kuula nüüd hoolikamalt, ma räägin teadusest, mitte mingisugusest seadusest!
- Oo, vabandust, muidugi, teadus ongi tähtsam kui mitmed seadused, eks ole? Mis alal muide?
- Ajalugu, inimese areng, selle paremad ning selle halvemad küljed, sellest jutustab see raamat. Loe läbi, saad targemaks!

- Asta, ütle nüüd ometi, mitu venda ja mitu õde sul on! Mulle jäi ebaselgeks, kas sul on kolm venda ja kaks õde või kaks venda ja kolm õde.
- Olgu, ma teen sulle sellest ülesande, võib-olla siis jääb meelde: mina ei ole kõige noorem ja kõige vanem ka mitte. Minust noorem on üks vend, temast

vanemad on kaks õde ning üks vend, aga sellest minu nooremast vennast veelgi noorem on veel üks pisikene tütarlaps, vaevalt 5-aastane.

- Aga see ju tähendab, et sul on vähem, kui ma mõtlesin. Sul on ainult kaks venda ning kaks õde, järjekord on järgmine: pisim õde ehk – mis ta nimi oligi?
- Ta nimi on Pille, aga me kutsume teda Pilveks.
- Pilveks? Miks? Kas ta on kerge nagu pilv või lendab ta pilvena läbi õhu?
- Ma täpselt ei mäletagi, kust selline nimi tuli. Aga ära juhi mu tähelepanu kõrvale, räägi edasi, mida sa minu perekonnast tead.
- Nii. Kõige väiksem on pisikene Pille või Pilve, siis järgneb sinu noorem vend, ja pärast teda tuled juba sina. Sa oled niisiis päris keskel, keskmine. Järgnevad vanem õde ning kõige vanem vend. Kas tunnistad õigeks?
- Tunnistan. Ainult et mul on vanemad ka, nad on loomulikult meie majas kõige vanemad, kuid see pole sulle uudiseks.

- Mati, kuhu see pikk tee viib? See on vist küll selle linna kõige pikem tänav?
- Ma ei tea, kas ta on just pikim tänav, aga igal juhul ulatub ta siit kesklinnast päris linna teise äärde. Kas näed seal kaugel seda kaunis suurt ehitust? Ei, mitte seda punast, vaid selle kõrval, seda veel kõrgemat hoonet, näed, sinnamaani ulatubki see tänav.
- Kas arvad, et ta on pikem kui Pärnu maantee Tallinnas?
- Mis puutub selle pikkusesse, siis ma ei oska midagi öelda, aga laiem on ta kindlasti. Sellest laiemat tänavat ei ole veel kusagil olemas. Selline tuleb alles ehitada...

- Peeter, et selline keeruline olukord uuesti ei tekiks, teatan sulle nüüd järgmist: kõik need raamatud seisavad müürina meie vahel, nad moodustavad seina, nad lõikavad toa keskelt pooleks. Nii et kui sa tahad mulle heaks sõbraks või üldse inimeseks jääda, ära siis enam osta nii palju.
- Aga ma pean, ma tahaksin kuulsaks saada. Raamatud on selleks kõige tähtsam vahend!
- Nende abil ei saa sa kunagi kuulsaks, pigem jääd sa haigeks, tolm matab sul hinge kinni ning varsti tuleb sind haiglasse viia. Mõtle ometi järele! Veel suuremaks mureks kui sinu tervis on pealegi see, et oleks tarvis rohkem ruumi, kuna varsti pean ma õue magama minema, sest raamatud katavad mu voodi juba täielikult kinni.
- Ega see kõige suuremaks õnnetuseks olekski, kui sa välja läheksid. Siis oleks sees rohkem ruumi, ma võiksin suuremad riiulid osta ning kõik raamatud uude järjekorda asetada. Kuid kõige toredam oleks vist see, et sa mind enam ei segaks, kui ma lugeda tahan, eks ole. Mis sa arvad? Kas kuuled mind? Halloo?! Oioi, nüüd sai ta päris vihaseks...

Glossar

Verben

asetama, asetada, asetan	aufstellen, setzen, legen
ehitama, ehitada, ehitan	bauen, konstruieren, errichten
erinema, erineda, erinen	sich unterscheiden, abweichen
hindama, hinnata, hindan	bewerten, beurteilen, schätzen
ilmuma, ilmuda, ilmun	erscheinen, sich zeigen, auftauchen
juhtima, juhtida, juhin	leiten, lenken, führen
järgnema, järgneda, järgnen	folgen, nachfolgen
kõrvale juhtima	ablenken, ableiten
keelama, keelata, keelan	verbieten
kutsuma, kutsuda, kutsun	einladen, rufen, benennen
lõikama, lõigata, lõikan	schneiden; operieren; ernten
matma, matta, matan	begraben, bedecken
moodustama, moodustada, moodustan	bilden, darstellen, formen
nimetama, nimetada, nimetan	nennen, bezeichnen, benennen
näima, näida, näib	scheinen, vorkommen, aussehen
olemas olema, olla, olen	existieren, bestehen, vorhanden sein
puutuma, puutuda, puutun	berühren, betreffen
teatama, teatada, teatan	mitteilen, berichten, informieren
tekkima, tekkida, tekin	entstehen, sich bilden
tunnistama, tunnistada, tunnistan	zugeben, bekennen, bezeugen
ulatuma, ulatuda, ulatun	sich erstrecken, sich ausdehnen
võrdlema, võrrelda, võrdlen	vergleichen

Substantive, Namen

abi, abi, abi, abisid	Hilfe
ahv, ahvi, ahvi, ahve	Affe
ajakiri, -kirja, -kirja, -kirju	Zeitschrift
ajakirjanik, -niku, -nikku, -nikke	Journalist/in
ajalugu, ajaloo, ajalugu	Geschichte (als Disziplin)
ala, ala, ala, alasid	Gebiet, Fachgebiet, Bereich
areng, arengu, arengut, arenguid	Entwicklung
ehitus, ehituse, ehitust, ehitusi	Bau, Bauwerk, Struktur, Aufbau
haigla, haigla, haiglat, haiglaid	Krankenhaus, Klinik
hing, hinge, hinge, hingi	Seele, Atem, Hauch
hoone, hoone, hoonet, hooneid	Gebäude, Haus
joon, joone, joont, jooni	Strich
joonealune, -aluse, -alust, -aluseid	Feuilleton, Fortsetzungsgeschichte, Fußnote, Anmerkung „unter dem Strich"
juhataja, juhataja, juhatajat, juhatajaid	Leiter/in, Direktor/in
järjekord, -korra, -korda, -kordi	Reihenfolge, Anordnung
kaas, kaane, kaant, kaasi	Einband, Deckel
kesklinn, -linna, -linna, -linnasid	Stadtmitte, Zentrum

liige, liikme, liiget, liikmeid	Mitglied, Angehörige/r
lugeja, lugeja, lugejat, lugejaid	Leser/in
mure, mure, muret, muresid	Sorge, Besorgnis, Kummer
mõistus, mõistuse, mõistust, mõistusi	Verstand, Vernunft
müür, müüri, müüri, müüre	Mauer
omadus, omaduse, omadust, omadusi	Eigenschaft
pikkus, pikkuse, pikkust, pikkusi	Länge
Pille, Pille, Pillet	(weibl. Vorname)
pilv, pilve, pilve, pilvi	Wolke
riik, riigi, riiki, riike	Staat, Reich
riiul, riiuli, riiulit, riiuleid	Regal
ruum, ruumi, ruumi, ruume	Raum, Platz
samm, sammu, sammu, samme	Schritt
saavutus, saavutuse, saavutust, saavutusi	Ergebnis, Errungenschaft, Leistung
seadus, seaduse, seadust, seadusi	Gesetz
sein, seina, seina, seinu	Wand
seos, seose, seost, seoseid	Zusammenhang, Beziehung, Verbindung
teadus, teaduse, teadust, teadusi	Wissenschaft
tehas, tehase, tehast, tehaseid	Fabrik
teos, teose, teost, teoseid	Werk
tervis, tervise, tervist, terviseid	Gesundheit
tolm, tolmu, tolmu, tolme	Staub
turist, turisti, turisti, turiste	Tourist/in
tähelepanu, -panu, -panu, -panusid	Aufmerksamkeit
tütarlaps, -lapse, -last, -lapsi	Mädchen
uudis, uudise, uudist, uudiseid	Neuigkeit, Nachricht
vabariik, -riigi, -riiki, -riike	Republik
vahend, vahendi, vahendit, vahendeid	Mittel, Instrument, Werkzeug
valitsus, valitsuse, valitsust, valitsusi	Regierung, Verwaltung
veri, vere, verd, veresid	Blut
vihik, vihiku, vihikut, vihikuid	Heft
võim, võimu, võimu, võime	Macht, Gewalt
väljaanne, -ande, -annet, -andeid	Ausgabe, Edition
värv, värvi, värvi, värve	Farbe
õnnetus, õnnetuse, õnnetust, õnnetusi	Unglück
õpetus, õpetuse, õpetust, õpetusi	Lehre, Unterricht
õu, õue, õue, õuesid	Hof, Vorplatz, Vorgarten
äär, ääre, äärt, ääri	Rand
ülesanne, -ande, -annet, -andeid	Aufgabe

Adjektive

aastane, aastase, aastast, aastasi	einjährig
-aastane, -aastase, -aastast, -aastasi	-jährig
ebaselge, -selge, -selget, -selgeid	unklar
hele, heleda, heledat, heledaid	hell, klar, licht
hoolikas, hoolika, hoolikat, hoolikaid	aufmerksam, sorgfältig
keskmine, keskmise, keskmist, keskmisi	mittlere/r

korralik, korraliku, korralikku, korralikke	ordentlich, anständig
kuulus, kuulsa, kuulsat, kuulsaid	berühmt
kõrge, kõrge, kõrget, kõrgeid	hoch
lai, laia, laia, laiu	breit
nõrk, nõrga, nõrka, nõrku	schwach
segane, segase, segast, segaseid	verwirrt, vermischt, verrückt
suurepärane, -pärase, -pärast, -päraseid	großartig
tõeline, tõelise, tõelist, tõelisi	wahrhaftig, wahr, echt
värske, värske, värsket, värskeid	frisch
õhuke, õhukese, õhukest, õhukesi	dünn
üldine, üldise, üldist, üldisi	allgemein

Kleine Wörter

abil	mit Hilfe, vermöge
ehk	oder, vielleicht, beziehungsweise
ei kunagi	nie(mals)
ei midagi	nichts
kaunis	recht, ziemlich, ganz schön
keskel	in der Mitte, inmitten
kuidagi	irgendwie, auf irgendeine Weise
kõige	(zur Bildung des Superlativs)
käes	in, an, bei, vorhanden
küllap	wohl, sicher, wahrscheinlich, gewiß
ligi	nahe, annähernd, nahezu
ligidal	nahe bei, in der Nähe
mida...seda	je...desto
mingisugune, -suguse, -sugust, -suguseid	irgendein/e
nagunii	sowieso, ohnehin
niiviisi	so, auf diese Weise
paremini	besser
pärast (prp. + par.)	nach
saadik	seit
selleks et	damit
sinnamaani	bis dorthin
tarvis	notwendig, nötig
täitsa	vollkommen, völlig, ganz, total
vahel	zwischen
vähem	weniger

Übungen

1. Setzen Sie das eingeklammerte Wort bzw. die eingeklammerten Wörter in den Essiv:

(Poiss) mängisin palju.   Poisina mängisin palju.
(Väike tüdruk) elasin Viljandis.   Väikse tüdrukuna elasin Viljandis.
See tekst ilmub varsti (raamat).   See tekst ilmub varsti raamatuna.

(Ajakirjanik) kirjutab ta hästi.   Ajakirjanikuna kirjutab ta hästi.
Mati istus (kurb) nurgas.   Mati istus kurvana nurgas.
(Noor üliõpilane) lugesin palju.   Noore üliõpilasena lugesin palju.
See lugu näib mulle (rumal).   See lugu näib mulle rumalana.
Kas käisid seal (turist)?   Kas käisid seal turistina?
Ta töötab nüüd (arst).   Ta töötab nüüd arstina.
Mina läksin (rõõmus) koju.   Mina läksin rõõmsana koju.

2. Setzen Sie das eingeklammerte Wort bzw. die eingeklammerten Wörter in den Translativ:

Ma sain kohe (vihane).   Ma sain kohe vihaseks.
Pean seda väga (hea idee).   Pean seda väga heaks ideeks.
Asta jutt muutus (segane).   Asta jutt muutus segaseks.
Ilm läheb (ilus).   Ilm läheb ilusaks.
Mina nimetaksin seda (sinine).   Mina nimetaksin seda siniseks.
Olgu see meile (õpetus).   Olgu see meile õpetuseks.
Tuleme (õhtu) koju.   Tuleme õhtuks koju.
Ma sain nüüd selle tehase (juhataja).   Ma sain nüüd selle tehase juhatajaks.
Laps jäi (haige).   Laps jäi haigeks.
See on meile (kõige suurem probleem).   See on meile kõige suuremaks probleemiks.

3. Setzen Sie das eingeklammerte Wort bzw. die eingeklammerten Wörter in den Essiv oder Translativ:

(Selline) on ta palju ilusam.   Sellisena on ta palju ilusam.
Asi läks veel (hullem).   Asi läks veel hullemaks.
Kas sa hakkad valitsuse (liige)?   Kas sa hakkad valitsuse liikmeks?
Valitsuse (liige) ei saa ma seda teha.   Valitsuse liikmena ei saa ma seda teha.

(Noor poiss) käisin tihti Pärnus.   Noore poisina käisin tihti Pärnus.
Kas sa tuled (õhtu) koju?   Kas sa tuled õhtuks koju?
Kas see polnud sulle (uudis)?   Kas see polnud sulle uudiseks?
Ta muutus jälle (noor poiss).   Ta muutus jälle nooreks poisiks.
Asta töötab nüüd (juhataja).   Asta töötab nüüd juhatajana.
See näib mulle (kala).   See näib mulle kalana.
Asta sai nüüd (uus juhataja).   Asta sai nüüd uueks juhatajaks.
Ta muutus nii (võõras).   Ta muutus nii võõraks.
(Kes) sa tahad saad?   Kelleks sa tahad saada?

4. Setzen Sie das eingeklammerte Wort in den Komparativ:

See maja on palju (suur).   See maja on palju suurem.
Minust (noor) on ainult Asta.   Minust noorem on ainult Asta.
(Huvitavad) raamatud on siin.   Huvitavamad raamatud on siin.
Mati püksid on (moodsad).   Mati püksid on moodsamad.
Kas see pole (ilus)?   Kas see pole ilusam?
Kas Mati on sinust (vana)?   Kas Mati on sinust vanem?
See vihik on (õhuke) kui see teine.   See vihik on õhem kui see teine.
Ema on isast palju (kuulus).   Ema on isast palju kuulsam.
Asta püksid on veel (ilusad).   Asta püksid on veel ilusamad.
Minu lilled on (värsked).   Minu lilled on värskemad.
See oli meile (suureks) probleemiks.   See oli meile suuremaks prob-
                                             leemiks.

Need raamatud on palju (odavad).   Need raamatud on palju odavamad.
Need tänavad on (laiad).   Need tänavad on laiemad.
Kas sa said (targaks)?   Kas sa said targemaks?
Seda võiks (korralikult) teha.   Seda võiks korralikumalt teha.

5. Setzen Sie das eingeklammerte Wort in den Superlativ:

Mati on siin (noor).   Mati on siin kõige noorem.
Minu ema on (vana).   Minu ema on kõige vanem.
Need poisid on (rumalad).   Need poisid on kõige rumalamad.
See raamat näib (huvitavana).   See raamat näib kõige huvitava-
                                             mana.

Nemad on (vaesed).   Nemad on kõige vaesemad.
Epu püksid on (ilusad).   Epu püksid on kõige ilusamad.
See on (aeglane) rong.   See on kõige aeglasem rong.
See oli (hea) film.   See oli kõige parem film.
Pean teda (armsaks) inimeseks.   Pean teda kõige armsamaks inime-
                                             seks.

See õlu on (tume).   See õlu on kõige tumedam.
Tema uus romaan on (põnev).   Tema uus romaan on kõige põne-
                                             vam.

Minu meelest on ta nagunii (vana).   Minu meelest on ta nagunii kõige
                                             vanem.

Millal oli (kuum) päev?   Millal oli kõige kuumem päev?
See vein on vist (kuiv).   See vein on vist kõige kuivem.

LEKTION 13

Grammatik

GWE: Genitiv, Pluralbildung, Postposition, Präposition

Plural Genitiv

Diese Form ist besonders wichtig, weil von ihr – analog zum Singular Genitiv – alle anderen Kasusformen des Plurals (mit Ausnahme des Partitivs) gebildet werden. In der Regel wird der Plural Genitiv vom Singular Partitiv abgeleitet.

Plural Genitiv auf **-de**
Wenn der Singular Partitiv eines Nomens auf Vokal oder **-d** endet, so ist die Endung des Plural Genitiv **-de**:

sg nom	sg par	pl gen	
tuba	tuba	tubade	der Zimmer
jalg	jalga	jalgade	der Füße/Beine
töö	tööd	tööde	der Arbeiten

Plural Genitiv auf **-te**
Wenn der Singular Partitiv eines Nomens auf **-t** endet, so ist die Endung des Plural Genitiv in der Regel **-te**:

sg nom	sg par	pl gen	
tuttav	tuttavat	tuttavate	der Bekannten
mees	meest	meeste	der Männer
mõte	mõtet	mõtete	der Gedanken

Ausnahmefälle:
Es gibt einige Sonderfälle, bei denen der Singular Partitiv auf **-t** endet, der Plural Genitiv jedoch die Endung **-de** hat:

sg nom	sg par	pl gen	
ime	imet	imede	der Wunder
kõne	kõnet	kõnede	der Reden
tütar	tütart	tütarde	der Töchter

Wenn der Singular Partitiv auf **-tt** endet, so fällt im Plural Genitiv ein **t** weg:

sg nom	*sg par*	*pl gen*	
vesi	**vett**	**vete**	der Gewässer
käsi	**kätt**	**käte**	der Hände

Einige Wörter bilden den Plural Genitiv vom Singular Genitiv, z.B.:

sg nom	*sg gen*	*sg par*	*pl gen*
liige	**liikme**	**liiget**	**liikmete**

Einige Wörter haben eine kurze Parallelform:

sg nom	*sg par*	*pl gen*
kirjanik	**kirjanikku**	**kirjanikkude** od. **kirjanike**

Pluralbildung

Bis auf Nominativ, Genitiv und Partitiv (sowie bei einigen Worttypen den Illativ) haben alle Kasus im Plural das gleiche Suffix wie im Singular. Für die Bildung des Plurals ist – analog zur Bildungsweise beim Singular – von der Form des Plurals Genitiv auszugehen. An ihn wird das jeweilige Kasussuffix angefügt. Bei Stufenwechselwörtern stehen bei dieser Bildungsweise die obliquen Kasus folglich immer in der gleichen Stufe wie der Genitiv Plural:

mõte, mõtte, mõtet 'Gedanke',   pl gen **mõtete** 'der Gedanken'

ill	**mõtetesse**	in die Gedanken
ine	**mõtetes**	in den Gedanken
ela	**mõtetest**	aus den Gedanken
all	**mõtetele**	den Gedanken
ade	**mõtetel**	bei den Gedanken
abl	**mõtetelt**	von den Gedanken
tra	**mõteteks**	zu Gedanken
ter	**mõteteni**	bis zu den Gedanken
ess	**mõtetena**	als Gedanken
abe	**mõteteta**	ohne Gedanken
kom	**mõtetega**	mit Gedanken

isa, isa, isa 'Vater', pl gen **isade** 'der Väter'

ill	**isadesse**	in die Väter
ine	**isades**	in den Vätern
ela	**isadest**	aus den Vätern
all	**isadele**	den Vätern

Lektion 13

ade	**isadel**	bei den Vätern
abl	**isadelt**	von den Vätern
tra	**isadeks**	zu Vätern
ter	**isadeni**	bis zu den Vätern
ess	**isadena**	als Väter
abe	**isadeta**	ohne Väter
kom	**isadega**	mit Vätern

Text

- Asta Sepp kuuleb.
- Tere, Asta, siin Ants. Ma helistan sulle, sest tahtsin küsida, miks sa eile õigel ajal koju ei tulnud? Sinu pärast me ootasime siin kuni keskööni. Vaata, ostsime sulle ilusad lilledki. Nüüd ei teagi, mis nendega peale hakata.
- Ma ju lihtsalt ei jõudnud! Kõik jäid hiljaks, peale minu hilinesid ka mitmed teised reisijad. Pidime igasuguste raskustega võitlema: laevade sõiduplaan oli päris korrast ära, lennukitega oli sama lugu, ning rongide – jah, rongide suhtes oli asi veelgi hullem. Suurem osa neist üldse ei sõitnudki...
- Ära räägi!
- Päris tõsi! Olge õnnelikud, et ma nende raskuste järel üldse siin olen! Võiksin praegu veel Rootsis olla, Stockholmi tänavatel ringi hulkuda, vanalinna vanade majade vahel kõndida ja oma sõprade ning sõbrannade peale mõtelda...
- Oh, ma usun küll! Aga kuule, on sul paar tundi aega? Tule korraks siit läbi, pead ju niikuinii oma lillede järele tulema, siis võid natuke pikemalt jutustada.
- Olgu, ma tulen, astun korraks läbi.

- Keegi helistas uksekella, kas kuulsid? See on vist Asta, ta lubas tulla, ole nii hea ja mine avama!
- Tere, Asta! Kas tohib õnnitleda?
- Mille puhul? Mul pole ju sünnipäev ega midagi selletaolist.
- Seda küll mitte, kuid läbi suuremate ning väiksemate raskuste saabusid sa lõpuks siia. See on ju piisav põhjus, et rõõmus olla, eks ole? Astu edasi, tule sisse, jah, kohe siit trepist üles. Sul vedas, meil on õhtusöök valmis, saad süüa ka.
- Oh, ma tänan, mul ongi kõht tühi. Aga oota, tahan enne käed ära pesta, need on päris mustad. Mustade kätega mina küll ei taha laua juurde istuda. Kus teil oligi tualett? Unustasin...
- Vaata, kemps on siit vasakule, nende kappide taga. Ma lähen juba üles, ootame sind üleval.
- Kus?
- No ülal, seal, kus teised ka on. Tule järele.

- Kallid sõbrad, täna...
- Kallid sõbrannad ka!
- Loomulikult. Kallid sõbrad, kallid sõbrannad, meie hulgas viibib täna...
- Ära lobise! Ära nüüd kõnet pidama hakka! Hakkame parem laulma. Tahtsime teda ju lauludega vastu võtta, eks ole?
- Kas lauludega? Kas ühest laulust ei piisa?
- Ükskõik, kõige tähtsam on, et laulame, nii et...
- Oota! Enne seda peame talle lilled kätte andma. Kus need on?
- Seal riiulil, raamatute vahel. Kas näed?
- Kus? Siin, nende piltide taga? Muide, kelle pilt see on? Kas sinu vanemate oma? Nii noored... millal see oli?
- Vist sõja ajal, kui nad elasid maal. Aga tõsta nüüd need fotod eest ära ja vaata, nende taga need lilled ongi.
- Ei, fotode taga pole midagi. Üksnes tolmu.
- Siis on nad väikese laua peal, teiste asjade seas, vaata sealt. Seal ka mitte? Siis ma ei tea, olgu peale, kõigest hoolimata võiksime ju vähemalt klaasid tõsta ning juua külaliste terviseks. Terviseks!
- Terviseks! Proosit!

- Vaadake, siin päris nurgas, kõige vanemate raamatute vahel leiduski üks lillekene. Kas te seda otsisite? Kes selle siis nende vahele pani?
- Ei tea, ongi ükskõik, meiesugustes perekondades on kõik võimalik, peaasi, et sa selle üles leidsid, hoolimata pimedusest. Tänan väga. Anna see nüüd talle kätte. Selle jaoks pole vaasi vajagi. Sellised lilled tuleb lihtsalt rinda panna, tead, rinnas paistavad nad kõige paremini silma.
- Oh, ma tänan väga. Te tabasite täpselt minu maitset.
- Vähemalt lilledega, ei tea, kas söökidega samuti õnnestub, eks näeb. Head isu!
- Jätku leivale!

- Aga Asta, kuule, nüüd sa võiksid ju natukene oma reisist jutustada. Me oleme kõik nii uudishimulikud!
- Jah, kust alustada? Meie grupp oli tegelikult väga kena, kuigi natuke liiga suur, ligi nelikümmend inimest. Nii jagasimegi selle kaheks rühmaks, selle järgi, mida igaüks heameelega teha tahtis. Muide, nii meeste kui ka naiste hulgas valitsesid samad huvid: nooremad tahtsid linnas jalutada, eriti tüdrukute seas oli selline soov väga tugev, ja vanemad inimesed eelistasid jalutuskäikudele muuseumi.
- Aga sina ise? Olid sa vanade või noortega?
- Teate, need vanad olid tegelikult väga sõbralikud inimesed, aga siiski: neis polnud enam seda elurõõmu, nagu noorematel ometi tihti on. Ning noorte hulgas oli üks teravmeelne poiss, nii et tegin temaga ringsõidu läbi vanalinna...

- Päris üksi, tähendab kahekesi?
- Aga muidugi. Sest teate, muidu on see ju tohutult igav, kui käid rühmaga: sinu ees seisab mingi juht ning seletab: „Vaadake nüüd vasakule, neis kollastes majades elasid seitsmeteistkümnendal sajandil kaupmehed, aga sajandite jooksul muutus olukord ning alates üheksateistkümnendast sajandist elasid siin kaupmeeste perekonnad, kusjuures kaupmehed ise elasid neis suuremates punastes majades paremat kätt. Kui vaatate neist punastest hoonetest mööda, näete linna kõige vanemat kirikut. Ta pikk, kitsas torn on vormi poolest ainulaadne, kui aga sõidate meie maa teistesse linnadesse, otsite asjata sellist torni, kuna seda pole mujal olemaski. Aga vaadake nüüd, palun, sinna, seal nende sirgete roheliste puude kohal..." – muide, kas puud saavadki midagi muud, näiteks sinised olla? – „...nende ilusate roheliste puude kohal..." – loomulikult, kõik on alati väga ilus – „...nende puude kohal..." Ah, ma ei jaksa enam, te saate ju aru, missugune selline reisijuht võiks olla, eks ju?
- Saan aru küll, aga tahaksin teada, mis nende ilusate roheliste sirgete puude kohal nüüd oligi.
- Kust mina tean, ma ju ei käinud seal. Mul pole aimugi. Võib-olla lähenes sealt mingi püha või paha märk või langes täht või kes teab mis...
- Ära räägi niiviisi, neil asjadel võib siiski mingi tähendus olla.
- Grupijuhi jutu järgi nii oligi, aga mind see sellest hoolimata ei huvita. Olen juba selles eas, et pean teadma, kus on mõistuse piir. Ning minu jaoks on ta umbes roheliste puude ning pahade märkide vahel.
- Sinu asemel ma poleks nii kindel, kes teab, mida kõike taeva ja maa vahel leidub. Kindlasti rohkem, kui sina seda endale ette kujutada võid! Ma uurin seda praegu...
- Oi oi, selleks soovin palju edu! Kahjuks pean mina nüüd ruttama, aitäh lillede eest ja edaspidigi kõike head!

Glossar

Verben

avama, avada, avan	öffnen
eelistama, eelistada, eelistan	vorziehen, bevorzugen
helistama, helistada, helistan	anrufen, schellen, klingeln lassen
hilinema, hilineda, hilinen	sich verspäten
hiljaks jääma	sich verspäten
hulkuma, hulkuda, hulgun	sich herumtreiben, herumstreichen
jaksama, jaksata, jaksan	können, schaffen, Kraft haben
jalutama, jalutada, jalutan	spazieren, zu Fuß gehen
järele tulema	abholen
kujutama, kujutada, kujutan	bilden, darstellen, gestalten
ette kujutama	sich vorstellen
langema, langeda, langen	fallen

lobisema, lobiseda, lobisen	schwatzen, plappern, plaudern
lähenema, läheneda, lähenen	sich nähern
pesema, pesta, pesen	waschen
ruttama, rutata, ruttan	eilen, sich beeilen, hasten
tabama, tabada, taban	treffen, fassen, greifen
tõstma, tõsta, tõstan	heben, erheben
uurima, uurida, uurin	untersuchen, forschen
valitsema, valitseda, valitsen	herrschen, vorherrschen, regieren, verwalten
vedama, vedada, vean	ziehen, führen, schleppen, fahren
viibima, viibida, viibin	verbringen, sich befinden, sich aufhalten, verweilen
võitlema, võidelda, võitlen	kämpfen, streiten
õnnestuma, õnnestuda, õnnestun	gelingen, glücken
õnnitlema, õnnitleda, õnnitlen	gratulieren, beglückwünschen

Substantive, Namen

edu, edu, edu, edusid	Erfolg, Fortschritt
elurõõm, -rõõmu, -rõõmu	Lebensfreude
grupp, grupi, gruppi, gruppe	Gruppe
huvi, huvi, huvi, huve	Interesse
iga, ea, iga, igasid	Alter
isu, isu, isu, isusid	Appetit
jalutuskäik, -käigu, -käiku, -käike	Spaziergang
juht, juhi, juhti, juhte	Leiter/in, Führer/in
kapp, kapi, kappi, kappe	Schrank
kaup, kauba, kaupa, kaupu	Handel, Kauf, Ware
kaupmees, -mehe, -meest, -mehi	Kaufmann
kemps, kempsu, kempsu, kempsusid	Klo, WC
kesköö, kesköö, keskööd, kesköid	Mitternacht
kirik, kiriku, kirikut, kirikuid	Kirche
kõne, kõne, kõnet, kõnesid	Rede, Gespräch
laul, laulu, laulu, laule	Lied, Gesang
lennuk, lennuki, lennukit, lennukeid	Flugzeug
lill, lille, lille, lilli	Blume
maitse, maitse, maitset, maitseid	Geschmack
muuseum, muuseumi, muuseumi, muuseume	Museum
märk, märgi, märki, märke	Zeichen
nurk, nurga, nurka, nurki	Ecke, Winkel
osa, osa, osa, osi	Teil, Anteil
piir, piiri, piiri, piire	Grenze
pimedus, pimeduse, pimedust, pimedusi	Dunkelheit
põhjus, põhjuse, põhjust, põhjusi	Grund, Ursache
raskus, raskuse, raskust, raskusi	Schwierigkeit
reisija, reisija, reisijat, reisijaid	Reisende/r
rind, rinna, rinda, rindu	Brust
ring, ringi, ringi, ringe	Kreis, Ring, Runde
ringsõit, -sõidu, -sõitu, -sõite	Rundreise

Rootsi, Rootsi, Rootsit	Schweden
rühm, rühma, rühma, rühmi	Gruppe, Trupp, Abteilung
sajand, sajandi, sajandit, sajandeid	Jahrhundert
sõda, sõja, sõda, sõdu	Krieg
sõiduplaan, -plaani, -plaani, plaane	Fahrplan
söök, söögi, sööki, sööke	Speise, Essen, Mahlzeit
taanlane, taanlase, taanlast, taanlasi	Dänin, Däne
torn, torni, torni, torne	Turm
trepp, trepi, treppi, treppe	Treppe
tualett, tualeti, tualetti, tualette	Toilette, WC, Klo
tähendus, -duse, -dust, -dusi	Bedeutung
vaas, vaasi, vaasi, vaase	Vase
vorm, vormi, vormi, vorme	Form, Gestalt
uksekell, -kella, -kella, -kelli	Türglocke, Klingel

Adjektive

ainulaadne, -laadse, -laadset, -laadseid	einzigartig
igasugune, -suguse, -sugust, -suguseid	jede/r beliebige, alle möglichen
kitsas, kitsa, kitsast, kitsaid	schmal, eng, knapp
piisav, piisava, piisavat, piisavaid	ausreichend, hinreichend
selletaoline, -taolise, -taolist, -taolisi	derartig
sirge, sirge, sirget, sirgeid	aufrecht, gerade
-sugune, -suguse, -sugust, -suguseid	-artig
sõbralik, -liku, -likku, -likke	freundlich
terav, terava, teravat, teravaid	scharf, spitz
teravmeelne, -meelse, -meelset, -meelseid	intelligent, scharfsinnig, pfiffig
tohutu, tohutu, tohutut, tohutuid	unermeßlich, enorm, riesig
uudishimulik, -liku, -likku, -likke	neugierig

Kleine Wörter

ajal	während
alates	von ... an, ab, seit
asjata	vergeblich
edaspidi(gi)	weiterhin (auch)
enne (prp. + par.)	vor, bevor
hulgas	unter, inmitten
järel	nach
järgi	zufolge, gemäß, nach
jätku leivale	guten Appetit
kahekesi	zu zweit
keegi, kellegi, kedagi	jemand
kohal	über
kusjuures	wobei, während
kätte	in, an
mujal	anderswo, woanders
mööda	längs, entlang, nach

niikuinii | sowieso
paar, paari, paari | ein paar, zwei
peale (prp. + gen.) | außer
proosit | prost
puhul | anläßlich
pärast (pop. + gen.) | wegen
seas | unter, inmitten
suhtes | hinsichtlich, betreffend
vahele | zwischen
vahelt | zwischen
üksnes | bloß, nur
ülal | oben; wach
üleval | oben; wach

Ausdrücke

mul vedas | ich habe Glück gehabt
sul vedas | du hast Glück gehabt
... | ...

Übungen

1. Setzen Sie das eingeklammerte Wort bzw. die eingeklammerten Wörter in den Plural Genitiv:

(Elanik) arv langes. | Elanikkude/Elanike arv langes.
(Buss) asemel seisab siin auto. | Busside asemel seisab siin auto.
Ta läks (aasta) jooksul ilusamaks. | Ta läks aastate jooksul ilusamaks.
(Ajaleht) hind tõuseb. | Ajalehtede hind tõuseb.
(Raamat) vahel on üks lill. | Raamatute vahel on üks lill.
Lilled on (laud) peal. | Lilled on laudade peal.
(Naine) ja (mees) hulgas valitsesid samad huvid. | Naiste ja meeste hulgas valitsesid samad huvid.
Kemps on (see kapp) taga. | Kemps on nende kappide taga.
(Liige) arv kasvab. | Liikmete arv kasvab.
Mina istun oma (vanemad) vahel. | Mina istun oma vanemate vahel.
Kes on (see laps) isa? | Kes on nende laste isa?
(Erinev grupp) hulgas olid ka taanlased. | Erinevate gruppide hulgas olid ka taanlased.
(Ilus poiss) keskel istus üks tüdruk. | Ilusate poiste keskel istus üks tüdruk.
Kas (see maja) taga on mets? | Kas nende majade taga on mets?
(Laev) sõiduplaan oli korrast ära. | Laevade sõiduplaan oli korrast ära.
Millal sa (lill) järele tuled? | Millal sa lillede järele tuled?
Läbi (raskus) saabusid sa lõpuks siia. | Läbi raskuste saabusid sa lõpuks siia.
(Tüdruk) kõrval istus üks ilus mees. | Tüdrukute kõrval istus üks ilus mees.

2. Setzen Sie das eingeklammerte Wort bzw. die eingeklammerten Wörter in den Plural:

Lähen oma (lapsega) kooli.	Lähen oma lastega kooli.
(Selles perekonnas) on kõik võimalik.	Nendes perekondades on kõik võimalik.
Stockholmi (tänaval) on nii ilus kõndida.	Stockholmi tänavatel on nii ilus kõndida.
Tahtsime teda ju (lauluga) vastu võtta.	Tahtsime teda ju lauludega vastu võtta.
(Rongiga) oli asi päris hull.	Rongidega oli asi päris hull.
Tegime selle ära ilma (probleemita).	Tegime selle ära ilma probleemideta.
Nad elavad (selles suuremas majas).	Nad elavad nendes suuremates majades.
Annan raamatu oma (õele).	Annan raamatu oma õdedele.
(Kaupluses) on praegu väga palju osta.	Kauplustes on praegu väga palju osta.
Vaata (sellest sinisest hoonest) mööda!	Vaata neist sinistest hoonetest mööda!
Ta läks (teise linna).	Ta läks teistesse linnadesse.
Eelistan (jalutuskäigule) muuseumi.	Eelistan jalutuskäikudele muuseumi.
Tõlgin selle (teise keelde).	Tõlgin selle teistesse keeltesse.
Ta läks kuni (selle suure majani).	Ta läks kuni nende suurte majadeni.
Oma (vennast) ei tea ma palju.	Oma vendadest ei tea ma palju.
Läksime (hea sõbraga) koju.	Läksime heade sõpradega koju.
Mida sa oma (naabriga) tegid?	Mida sa oma naabritega tegid?
Küsi seda oma (sõbrannalt)!	Küsi seda oma sõbrannadelt!
Läksin sinna (segase tundega).	Läksin sinna segaste tunnetega.
Kõik leidub (raamatus).	Kõik leidub raamatutes.
Asi läks läbi ilma (suurema raskuseta).	Asi läks läbi ilma suuremate ras-kusteta.

3. Bilden Sie Sätze unter Verwendung der folgenden Post- und Präpositionen:

all:	juures:
alla:	järel:
alt:	järgi:
asemel:	keskel:
ees:	kohal:
eest:	kohta:
enne:	koos:
ette:	kõrval:
hulgas:	kõrvale:
jaoks:	käest:
jooksul:	kätte:
juurde:	läbi:

peal: taha:
peale: tõttu:
pealt: vahel:
poolest: vastas:
pärast: vastu:
sees: äärde:
seest: ääres:
taga: üle:
tagant: ümber:

LEKTION 14

Grammatik

GWE: Agens, Genus verbi, Impersonal, Substantivierung

Impersonal

Im Gegensatz zum Aktiv ist beim Impersonal die handelnde, ausführende Person entweder nicht bekannt oder nicht näher bezeichnet bzw. kollektiv. Für alle Tempora des Impersonals gibt es daher nur eine Form. Im Deutschen kann man es häufig entweder mit 'man' (+ Aktivverbform, 3. sg.) oder mit einer Passivform und 'es' als unpersönlichem Subjekt übersetzen.

Alle Formen des Impersonals stehen bei den Stufenwechselverben in der schwachen Stufe. Im Präsens ist das Suffix **-a**, **-da** oder **-ta**, das jeweils um die Endung **-kse** erweitert wird.

Die Endung **-akse** tritt auf bei Verben, deren **da**-Infintiv weder auf **-da** noch auf **-ta** endet (ausgenommen die wenigen Verben auf **-pa**), die Endung **-kse** wird dann an den **da**-Infinitiv dieser Verben angefügt:

ma-Infinitiv	*da*-Infinitiv	*Impersonal Präsens*	
panema	**panna**	**pannakse**	man stellt, legt
minema	**minna**	**minnakse**	man geht
jooma	**juua**	**juuakse**	man trinkt
tegema	**teha**	**tehakse**	man macht, es wird getan
nägema	**näha**	**nähakse**	man sieht
surema	**surra**	**surrakse**	man stirbt

Die Endung **-dakse** tritt auf bei Verben, deren Stamm auf Diphthong, langen Vokal oder **-l**, **-n**, **-r** endet. Die Endung **-kse** wird dann an den (auf **da** endenden) **da**-Infinitiv angefügt:

ma-Infinitiv	*da*-Infinitiv	*Impersonal Präsens*	
saama	**saada**	**saadakse**	man bekommt
võima	**võida**	**võidakse**	man kann
jääma	**jääda**	**jäädakse**	man bleibt
naerma	**naerda**	**naerdakse**	man lacht

In allen anderen Fällen tritt die Endung **-takse** auf, wobei geringe Veränderungen vorkommen können:

ma-Infinitiv	*da*-Infinitiv	*Impersonal Präsens*	
kirjutama	kirjutada	kirjutatakse	man schreibt
laskma	lasta	lastakse	man läßt
jooksma	joosta	joostakse	man läuft
andma	anda	antakse	man gibt
lugema	lugeda, loen	loetakse	man liest
sõitma	sõita, sõidan	sõidetakse	man reist
võtma	võtta, võtan	võetakse	man nimmt

Die Verneinung wird mit der Partikel **ei** gebildet, der die Impersonalform ohne die Endung **-kse** folgt. Bei den Formen auf **-dakse** und **-takse** fällt **-kse** weg:

ma-Infinitiv	*Impersonal*	*neg. Impersonal*	
kirjutama	kirjutatakse	ei kirjutata	man schreibt nicht
saama	saadakse	ei saada	man bekommt nicht
lugema	loetakse	ei loeta	man liest nicht

Bei den Verben auf **-akse** tritt in der Verneinung das Impersonalkennzeichen **d** bzw. **t** wieder auf. Zusätzlich können bei den im Stamm einsilbigen Verben auf langen Vokal Vokalveränderungen erfolgen:

ma-Infinitiv	*Impersonal*	*neg. Impersonal*	
panema	pannakse	ei panda	man stellt nicht
minema	minnakse	ei minda	man geht nicht
jooma	juuakse	ei jooda	man trinkt nicht
tegema	tehakse	ei tehta	man macht nicht

Nomen actionis

Das Verbalsubstantiv kann von jedem Verb gebildet werden, indem die Infinitiv-Endung **-ma** durch **-mine** ersetzt wird: **lugema** → **lugemine** ('lesen' – 'das Lesen'), **sööma** → **söömine** ('essen' – 'das Essen'). Diese Form kann in allen Kasus flektiert werden und ist sehr verbreitet.

nom	**lugemine**
gen	**lugemise**
par	**lugemist**
ill	**lugemisse**
ine	**lugemises**
...	...

Text

- Tere, Arvo! Kas nägid seda pilti ajalehes?
- Missugust pilti?
- Ühest ehitusest. Sinna, kus oli meie vana põld, ehitatakse maja. Sellest tuleb vist Priidu uus maja, kas teadsid seda?
- Ei teadnud. Kas juba kaua ehitatakse? Keset meie vana põldu!
- Noh, see ei kandnud juba ammu vilja. Las nad ehitavad.
- Aga kes selle ehitab? Kas Priit ja Reet ise või ehitatakse seda linna poolt?
- Räägitakse, et linna poolt, et praegu antakse palju raha, aga ma pole päris kindel. Sest majanduse olukord pole ju nii hea, et linn või riik annaksid niisama raha ehitamiseks. Vähemalt oli ajakirjanduses sellest juttu. Teisest küljest: ajalehtedes kirjutatakse ja jutustatakse palju. Ei tohi kõike uskuda. Ajalehe lugemine on ka kunst, sest sa pead aru saama sellest, mis öeldakse ridade vahel. Ära mõtlegi, et rahvas aru saab, kui niisama loetakse! Kui sa ajakirjandust hästi jälgid, paned varsti tähele, et kõige huvitavamad uudised jäetakse tihti välja.

- Olgu, aga kuidas olid nüüd lood selle ehitusega? Kas seal on küllalt ruumi? Selle ehituse taga jõe kaldal on ju veel see vana kauplus, mis sellest saab?
- See pannakse vist kinni, sealt ostetakse liiga harva, jah, suletakse, ta ei toonudki enam kasumit. Ma kardan, et see lammutatakse päris maha, sest sinna peaks ju saun tulema.
- Ah soo, saun tehakse muidugi ka. No siis on asi parem, siis võib neile pärast külla minna. Millal kõik valmis saab?
- Ei tea, aga seda võime täna õhtul kontrollida. Nad kutsusid meid õhtuks sinna. Lähme vaatama, küllap meile siis kõik ära seletatakse.
- Aga mis seal täna õhtul toimub?
- Arvatavasti juuakse ja süüakse. Reet võitis mingi auhinna ning tahtis selle kättesaamist tähistada. Nemad hoolitsevad söögi eest, külalised ostku ainult joogid. Nii et: millal sõidame? Mitte liiga hilise rongiga, siis oleks nii vähe aega, teised lähevad ka varsti, Asta, Epp, Virve, Ants ja Mati. Tunni aja pärast saadakse jaamas kokku, kas sobib?
- Sobib küll. Astun veel poest läbi ja jooksen kohe jaama.

- Rääkige nüüd, Priit ja Reet, milline see kõik tuleb, maja ja saun ja...
- No, väga lihtne. Vaadake, siia ehitatakse praegu meie uut maja, nagu näete, selle ümber tuleb muru, siin on väga hea muld – loomulikult, see on ju endine põld –, rohi kasvab kindlasti suurepäraselt. Mis veel? Noh, loomulikult tahetakse nii väga, et oleks ka saun. Kõik meie sõbrad küsisid, nii et saun tuleb ka. See ehitatakse sinna, kus on praegu see vana kauplus.
- Kui kahju! Miks? See on ometi väga hea kauplus, seal müüakse kõike.
- Väga hea, kui müüakse kõike, iseküsimus on, kas ka ostetakse. Kui enam ei osteta, siis paljast müümisest ei aita. Viimasel ajal mingit kasumit polnud,

kauplus tõi ainult kahju. Nii et siin kuulsus enam ei aita. Nõnda see elu maailmas käib, vähemalt meie ühiskonnas, igalpool surrakse ja sünnitakse...

- Oi, nüüd tullakse juba selliste tarkustega, vaata aga, kuidas uus peremees käitub! Tõepoolest, juba rõõmustatakse selle üle, et teistel ei lähegi sama hästi. Oota, sind veel õpetatakse...
- Ärge nüüd tülli minge. Peremees, perenaine, kas siin pakutakse juua ka midagi? Kurk on päris kuiv, keel ei liigu enam hästi.

- Mis juttu siin aetakse? Kas teil piinlik pole? Meil on täna pidu, tahan, et naerdakse ja lauldakse, aga mida ma pean siin nägema: varsti hakatakse nutmagi, lõpetage ometi! Tulge meie seltsi!
- Siin veel ei nuteta, aga sul on vist õigus, lõpetagem see vaidlemine ning vaadakem, kus pidu peetakse. Kas juba hakatakse tantsima?
- Õigesti nägid, juba tantsitakse laudadel, enam ei sööda ega jooda. Jäime vist hiljaks, süüa on veel vaid mõni kala ja paar muna.
- Kas sa söömiseks tulid siia?
- Milleks siis? Kas joomiseks? Näed, tühjad pudelid kantakse juba ära. Varsti teatatakse, et peol on lõpp ja igaüks mingu koju.
- Näed: kui see kauplus veel lahti oleks, siis võiks ju sealt midagi tuua. Neil pakutakse seal väga head õlut.
- Ära mine nüüd sinna, muidu kardetakse, et hakkad jälle tülitsema. Sa ju nägid, et seda kauplust siin ei pooldata.

- Kuidas me nüüd koju saame? Kuulsin, et Ants on telefoni juures. Ta helistab. Vist tellitakse takso. Kas läheme kaasa? Või tahad siia jääda?
- Tahaksin küll, näiteks kui meie vana talu veel alles oleks. Selles võiks ööbida ja hommikul läheks kauplusse piima tooma...
- Hommikul ei minda kuhugi! Sa võtsid selle kaupluse sulgemise päris südamesse, kas võid juba ükskord lõpetada? Varsti viiakse sind veel hullumajja, kui sa järele ei jäta. Seal on doktorid, kes hoolitsevad sinusuguste eest. Mõtle ometi järele!
- Kuule, siin paljas mõtlemine ei aita. Eks inimesed loovadki mõnikord sellise olukorra, et parem on hullumajas elada?
- Ise sa seda tegid!
- Ei teinud! See oli meie esivanemate talu koos põldude, loomade ja kõigega. Meie sugu, meie soo õlgadel... ah, olime siin nii õnnelikud, ja selle maa kaotamine oli meile tõesti raske. Nüüd aga luuakse siin hoopis teistsugune kord, uued inimesed tulevad, mingi uus ettevõte, nii et vana maad ei tunne enam äragi. Ning valitsuse poolt tuleb selleks veel toetust. On ju nii, et kõike toetatakse valitsuse poolt, eks ju?
- No, miks sa ise seda maad ei ostnud? Ning seda kauplust? Seleta mulle, palun!
- Oh, ma ei oska, ei viitsi, parem on vist koju minna, või siis otse hullumajja, kes teab.

Glossar

Verben

hoolitsema, hoolitseda, hoolitsen	sorgen, sich kümmern
jälgima, jälgida, jälgin	verfolgen, beobachten
kontrollima, kontrollida, kontrollin	kontrollieren, nachprüfen
käituma, käituda, käitun	sich benehmen, sich verhalten
kätte saama	bekommen, erhalten
külla tulema	besuchen
lammutama, lammutada, lammutan	abreißen
looma, luua, loon	schöpfen, schaffen
pooldama, pooldada, pooldan	unterstützen, befürworten
sulgema, sulgeda, sulen	schließen, zumachen
tantsima, tantsida, tantsin	tanzen
toetama, toetada, toetan	unterstützen
tähistama, tähistada, tähistan	feiern, bezeichnen, begehen
tülitsema, tülitseda, tülitsen	streiten, Streit suchen, zanken
vaidlema, vaielda, vaidlen	streiten, diskutieren
viitsima, viitsida, viitsin	Lust haben, können, mögen
võitma, võita, võidan	gewinnen, besiegen
ööbima, ööbida, ööbin	übernachten, schlafen, nächtigen

Substantive, Namen

ajakirjandus, -kirjanduse, -kirjandust	Presse, Zeitungswesen
auhind, auhinna, auhinda, auhindu	Preis, Gewinn, Prämie
doktor, doktori, doktorit, doktoreid	Doktor, Arzt, Ärztin
esivanemad, esivanemate, esivanemaid	Vorfahren
ettevõte, ettevõtte, ettevõtet, ettevõtteid	Unternehmen, Vorhaben, Betrieb
hullumaja, -maja, -maja, -maju	Irrenhaus, Irrenanstalt
iseküsimus, -muse, -must, -musi	eine andere Frage, eine Frage für sich, ein anderes Problem
jook, joogi, jooki, jooke	Getränk
kahju, kahju, kahju, kahjusid	Schaden, Nachteil, Verlust
kallas, kalda, kallast, kaldaid	Ufer, Küste
kasum, kasumi, kasumit, kasumeid	Gewinn, Profit
kasv, kasvu, kasvu, kasve	Wuchs, Wachstum, Zuwachs
kurk, kurgu, kurku, kurke	Kehle, Hals, Rachen, Gurgel
kuulsus, kuulsuse, kuulsust, kuulsusi	Berühmtheit, Ruf, Ruhm
majandus, majanduse, majandust	Wirtschaft, Ökonomie
muld, mulla, mulda, muldi	Erde, Erdreich, Boden
muru, muru, muru, murusid	Rasen
paik, paiga, paika, paiku	Platz, Ort, Stelle
peremees, -mehe, -meest, -mehi	Hausherr, Wirt, Gastgeber
perenaine, -naise, -naist, -naisi	Hausfrau, Wirtin, Gastgeberin
pidu, peo, pidu, pidusid	Fest
Priit, Priidu, Priitu	(männlicher Vorname)

põld, põllu, põldu, põlde	Acker, Feld
rahvas, rahva, rahvast, rahvaid	Volk, Leute
Reet, Reeda, Reeta	(weiblicher Vorname)
rohi, rohu, rohtu, rohte	Gras, Kraut, Medizin
saun, sauna, sauna, saunu	Sauna
selts, seltsi, seltsi, seltse	Gesellschaft, Gemeinschaft
sugu, soo, sugu, sugusid	Geschlecht, Art, Gattung
talu, talu, talu, talusid	Bauernhof, Gehöft
takso, takso, taksot, taksosid	Taxi
tarkus, tarkuse, tarkust, tarkusi	Weisheit
toetus, toetuse, toetust, toetusi	Unterstützung, Förderung
tüli, tüli, tüli, tülisid	Streit
vili, vilja, vilja, viljasid	Getreide, Frucht, Obst, Korn
õlg, õla, õlga, õlgu	Schulter
ühiskond, -konna, -konda, -kondi	Gesellschaft, Gemeinschaft

Adjektive

endine, endise, endist, endisi	ehemalig, vormalig
hiline, hilise, hilist, hiliseid	spät, verspätet
paljas, palja, paljast, paljaid	nackt, bloß
piinlik, piinliku, piinlikku, piinlikke	peinlich
teistsugune, -suguse, -sugust, -suguseid	andersartig, ander

Kleine Wörter

ammu	längst, schon lange
harva	selten
keset	inmitten, in der Mitte
külge	an, heran
küljes	an, dran, fest
poolt	von, von seiten, seitens

Übungen

1. Setzen Sie das eingeklammerte Verb in die Präsensform des Impersonals (ggf. verneint!):

Siin (laulma) palju.	Siin lauldakse palju.
Mida siin (pakkuma)?	Mida siin pakutakse?
Kas juba (sööma)?	Kas juba süüakse?
Ma ei tea, kas sellest (aru saama).	Ma ei tea, kas sellest saadakse aru.
Kas Pärnus (käima) palju teatris?	Kas Pärnus käiakse palju teatris?
(Ütlema), et sa olid haige.	Öeldakse, et sa olid haige.
Kas juba kaua (ootama)?	Kas juba kaua oodatakse?
Seda siin ei (teadma).	Seda siin ei teata.
Poed (sulgema) varsti.	Poed suletakse varsti.

Ma ei tea, mis sellest (arvama).	Ma ei tea, mis sellest arvatakse.
Kinos siin palju ei (käima).	Kinos siin palju ei käida.
Sinna paika (ehitama) maja.	Sinna paika ehitatakse maja.
Meil (elama) praegu väga hästi.	Meil elatakse praegu väga hästi.
Seda ei (kontrollima).	Seda ei kontrollita.
Kas siin üldse (töötama)?	Kas siin üldse töötatakse?
Kas meid (võtma) vastu?	Kas meid võetakse vastu?
Seda (teadma) ainult Tallinnas.	Seda teatakse ainult Tallinnas.
Taksot ei (tellima).	Taksot ei tellita.
Selle eest (hoolitsema) kindlasti.	Selle eest hoolitsetakse kindlasti.
Asja (uurima) praegu.	Asja uuritakse praegu.
Seal (paluma), et sa külla tuleksid.	Seal palutakse, et sa külla tuleksid.
Kala ei (sööma) meil üldse.	Kala ei sööda meil üldse.
Kõik (andma) lastele.	Kõik antakse lastele.
Seda siin ei (uskuma).	Seda siin ei usuta.
Kohe (hakkama) tantsima.	Kohe hakatakse tantsima.
Mida siin (tegema)?	Mida siin tehakse?
Meie majas ei (ööbima).	Meie majas ei ööbita.
Selle eest (maksma) praegu palju.	Selle eest makstakse praegu palju.
Kus (õpetama) vene keelt?	Kus õpetatakse vene keelt?
Täna siin pidu ei (pidama).	Täna siin pidu ei peeta.
Seda maja ei (põletama) maha.	Seda maja ei põletata maha.
Kas selle üle (rõõmustama)?	Kas selle üle rõõmustatakse?
Toolid (lükkama) nurka.	Toolid lükatakse nurka.
Näed, juba (tooma) kala lauale.	Näed, juba tuuakse kala lauale.
Seal (müüma) piima.	Seal müüakse piima.
Siin väga palju ei (nutma).	Siin väga palju ei nuteta.
Kas sellega (kaotama) väga palju?	Kas sellega kaotatakse väga palju?
Meil ei (jooma) palju veini.	Meil ei jooda palju veini.
Pudelid (kandma) laudadele.	Pudelid kantakse laudadele.
Mis seal (hüüdma)?	Mis seal hüütakse?
Seda raamatut ei (panema) lauale.	Seda raamatut ei panda lauale.
Seda (otsustama) valitsuses.	Seda otsustatakse valitsuses.
Kas (lubama) kindlasti?	Kas lubatakse kindlasti?
Mis keelt siin (kõnelema)?	Mis keelt siin kõneldakse?
Mind sellega ei (segama).	Mind sellega ei segata.

2. Bilden Sie aus dem eingeklammerten Infintiv eine substantivierte Form im passenden Kasus:

(Lugema) on mulle väga raske.	Lugemine on mulle väga raske.
Linn annab (ehitama) toetust.	Linn annab ehitamiseks toetust.

Lõpetage see (vaidlema)! | Lõpetage see vaidlemine!
Ma ei kuulnud kella (lööma). | Ma ei kuulnud kella löömist.
Kartulite (võtma) võtab palju aega. | Kartulite võtmine võtab palju aega.
(Ostma) tuleb oodata. | Ostmisega tuleb oodata.
Seda ei või (müüma) nimetada. | Seda ei või müümiseks nimetada.
Ta jutustas järve (kukkuma). | Ta jutustas järve kukkumisest.
Selle maa (kaotama) ma ei unusta. | Selle maa kaotamist ma ei unusta.
Ajaloo (mäletama) on tähtsaim asi. | Ajaloo mäletamine on tähtsaim asi.
Probleem on (aru saama). | Probleem on arusaamises.
Õhtu lõppes lillede (jagama). | Õhtu lõppes lillede jagamisega.
Vaatasin puude (kasvama). | Vaatasin puude kasvamist.
Ta ei tundnud rõõmu (mängima). | Ta ei tundnud rõõmu mängimisest.
(Laulma) on suur kunst. | Laulmine on suur kunst.
See romaan on praegu (tõlkima). | See romaan on praegu tõlkimisel.
Ta on hädas raha (saama). | Ta on hädas raha saamisega.
Kas meil on (arutama) veel aega? | Kas meil on arutamiseks veel aega?
Ütlesin seda sulle (teadma). | Ütlesin seda sulle teadmiseks.

3. Beantworten Sie die folgenden Fragen verneinend:

Kas täna süüakse? | Ei sööda.
Kas hakatakse mängima? | Ei hakata.
Kas õhtul vaadatakse televiisorit? | Ei vaadata.
Kas siin müüakse piima? | Ei müüda.
Kas sõidetakse homme hommikul? | Ei sõideta.
Kas siin tehakse sauna? | Ei tehta.
Kas see visatakse ära? | Ei visata.
Kas kaotatakse palju aega? | Ei kaotata.
Kas minnakse juba koju? | Ei minda.
Kas täna õhtul mängitakse? | Ei mängita.
Kas sellest tuntakse rõõmu? | Ei tunta.
Kas selles nähakse probleemi? | Ei nähta.
Kas sellest teatakse palju? | Ei teata.
Kas homme juuakse? | Ei jooda.
Kas siin ehitatakse palju? | Ei ehitata.
Kas haiglates surrakse palju? | Ei surda.
Kas kirjutatakse väga tihti? | Ei kirjutata.
Kas käiakse tihti näitustel? | Ei käida.
Kas oodatakse juba kaua? | Ei oodata.
Kas homme peetakse pidu? | Ei peeta.

LEKTION 15

Grammatik

GWE: Demonstrativpronomen, Partitiv, Perfekt, Plusquamperfekt

Plural Partitiv

Der Plural Partitiv wird auf verschiedene Art und Weise gebildet. Eine Reihe von Substantiven weist zwei Parallelformen im Plural Partitiv auf. Bei Wörtern, die dem Stufenwechsel unterliegen, steht der Plural Partitiv immer in der starken Stufe. Die regelmäßigen Endungen lauten **-id** oder **-sid**, wobei sehr viele der auf **-sid** endenden Wörter auch eine Kurzform auf **-e**, **-i** oder **-u** haben. Da die entsprechenden Formen von Beginn an als vierte Form im Glossar angegeben sind, werden die mitunter komplizierten Bildungshinweise hier nicht weiter erläutert.

Perfekt

Die 2. Vergangenheitsform wird gebildet mit der finiten Präsensform des Hilfsverbs (**olema**) und dem **nud**-Partizip des jeweiligen Verbs:

ootama, oodata, oodanud	warten

(mina) olen oodanud	ich habe gewartet
(sina) oled oodanud	du hast gewartet
tema on oodanud	sie/er hat gewartet
(meie) oleme oodanud	wir haben gewartet
(teie) olete oodanud	ihr habt gewartet / Sie haben gewartet
nemad on oodanud	sie haben gewartet

Das verneinte Perfekt wird mit Hilfe des verneinten Präsens von **olema** und dem **nud**-Partizip gebildet:

ma ei ole oodanud	ich habe nicht gewartet
sa ei ole oodanud	du hast nicht gewartet
ta ei ole oodanud	sie/er hat nicht gewartet
me ei ole oodanud	wir haben nicht gewartet
te ei ole oodanud	ihr habt nicht / Sie haben nicht gewartet
nad ei ole oodanud	sie haben nicht gewartet

Plusquamperfekt

Die 3. Vergangenheitsform wird gebildet mit der finiten Form des Präteritums des Hilfsverbs (**olema**) und dem **nud**-Partizip des jeweiligen Verbs:

ootama, oodata, oodanud	warten

ma olin oodanud	ich hatte gewartet
sa olid oodanud	du hattest gewartet
ta oli oodanud	sie/er hatte gewartet
me olime oodanud	wir hatten gewartet
te olite oodanud	ihr hattet gewartet / Sie hatten gewartet
nad olid oodanud	sie hatten gewartet

Das verneinte Plusquamperfekt wird mit Hilfe des verneinten Präteritums von **olema** und dem **nud**-Partizip gebildet:

ma ei olnud oodanud	ich hatte nicht gewartet

Text

- Peeter, pole sind ammugi näinud! Kust sa praegu tuled?
- Mina või? Kas sa ei näe?
- Tõsi küll, mis rumal küsimus, oled loomulikult jälle raamatukaupluses käinud, tunnista üles. Ma näen seda sinu paksust kotist. Jälle oled sa midagi ostnud! Kas kohver poleks parem?
- Vist oleks. Aga sa tunned ju mind, kogu elu pole ma midagi muud teinudki. Ostnud ja lugenud. Sest ma loen neid ka, olen väga palju lugenud, peale lugemise ma ei teagi, mida võiks teha.
- No, võiks ju pidudel käia, näiteks eile, kas olid Priidu ja Reeda pool? Neil oli pidu. Ei olnud? Nad olid ju kõiki kutsunud, kas sind mitte?
- Mind ka, olen kutse ammu kätte saanud, aga ei viitsinud minna. Pidin nimelt nõusid pesema ja igasugust muud tegemist oli ka.
- Mingil määral saan sust aru küll, sest õhtu muutus natuke keeruliseks. Kõik olid juba ära läinud, kui Arvo hakkas järsku oma esivanematest rääkima, vihast punase näoga maad tagasi nõudma ja nii edasi. Küllap ta oli natuke purjus. Nii et arvatavasti oledki õhtut paremini kasutanud, kuna jäid koju. Tegid õige valiku!
- Täpselt. Kaks raamatut lugesin eile õhtul läbi, kolmandat olen alustanud. Järelikult oligi täna hommikul põhjust uuesti raamatukauplust külastada, et uut lugemist muretseda.
- Ent kas sa midagi leidsid ka?
- Leidsin küll, kas sa mäletad toda üht romaani, pealkiri ei tule praegu meelde,

mingi inglise kirjaniku oma, igatahes olin toda kaua otsinud, ja äkki ta oligi mu ees. Ostsin muidugi kohe ära. Nüüd on mul üpris hea kogu koos, umbes viisteist raamatut samalt autorilt. Tule ükskord vaatama!

- Olen sinu kogu juba näinud, vaevalt ta mulle enam huvi pakub, olgugi et ta on tohutult kasvanud. Sa räägid nii, nagu poleks mul ühtki raamatut kodus, kuigi sa tead väga hästi, et minagi olen väga palju ostnud. Aga pärast seda, kui olin uude korterisse kolinud, polnud ju enam ruumi raamatute jaoks. Seepärast olen palju ära kinkinud, sulle ju ka, kui sa juhuslikult unustanud ei ole.

- Kuule, astume korraks minu poolt läbi, ma näitan sulle üht asja.
- Las ma arvan: näitad raamatuid?
- Seekord arvasid valesti. Mul on küll palju raamatuid, aga samuti hulk ajalehti ning ajakirju. Ega ma neid sulle praegu ei tahagi näidata. Noid ajakirju ma muide ei ostnud ka, ma laenutasin nad raamatukogust. Aga need siin, vaata, needsamad olen ostnud, kas pole ilusad? Oled sa kunagi varem nii ilusaid pilte näinud? Vaata neid värve, kas pole ilus? Peale tavaliste raamatute, see tähendab peale romaanide ja jutu- või luulekogude, armastan ma nimelt ka kunstiraamatuid ning -ajakirju. Vaatan heameelega erinevaid pilte ja kujusid, meeste või naiste paljaid kehasid, joonistusi, maale või fotosid, ükskõik. Tead, nii palju huvitavaid asju on maailmas, aga me vaatame neist tihti mööda. Kui inimene näeks rohkem neid pisiasju ning maailma erinevaid värvikaid külgi, siis polekski võib-olla nii palju õnnetuid inimesi, kas sa ei arva nii?

- Aga vaadaku nad ise, tehku silmad lahti! Mina ei ole nende silmi kinni sidunud! Jumal või kurat teab, kes või mis on maailma niiviisi seadnud, et pakutakse kõike, ning ainult meist sõltub, milliseid külgi me vaatame, kas häid ja ilusaid või halbu ja kurbi.

- Aitab filosofeerimisest. Pealegi pean nüüd minema, hambaarst ootab. Lähme raamatupoe kaudu, ostaks veel mõne hea raamatu kaasa, enne kui hakatakse hambaid välja tõmbama. Vähemalt möödunud nädalal tõmbas ta ühe välja, ning kardan, et täna tõmmatakse jälle. Kui ma viimati seal käisin, olin juba ukse juures, kui arst haaras mul õlast kinni ning kinnitas mulle, et ärgu ma uskugu, et selle väljatõmbamisega kõik möödas oleks. Järgmine kord jätkatakse...
- Paras sulle!
- Miks?
- Rääkisid äsja nii kaunilt maailma ilusatest asjadest ning headest mälestustest, aga nüüd pead ise tunnistama, et maailm on siiski täis muresid ja raskusi. Või tahad ütelda, et sulle meeldib hammaste väljatõmbamine?
- Ei, aga mu peamisi mõtteid sa ei ole ikka veel mõistnud: peamine, kõige tähtsam asi on see, et murede ja raskuste taga nähakse elu rõõmusid! Kui sa neid rõõme ei taha või ei oska näha, siis on sinuga lõpp. Mina aga tean oma hammaste halvast olukorrast hoolimata, et elu on täis kenasid, toredaid, naljakaid, ilusaid,

huvitavaid, põnevaid asju. Selles seisnebki elu kunst, saad aru?! Minu elurõõmu varjutab mõnikord hambavalu, aga see tuleb ikka uuesti esile, kui sa teda otsid. Kuid... jälle hakkasin lobisema, lähme nüüd poodi.

- Nii, mida sa tahtsid siin teha?
- Ma vaataksin ainult heameelega uusi raamatuid. Näed, noid suuri seal üleval, neid ma veel ei tea. Kas sina tead?
- Sa mõtled neid rohelisi? Või hoopis noid siniseid nende roheliste raamatute kõrval? See on ju väga kuulus sari, juba aastaid olemas, väga palju häid kirjanikke, peamiselt romaane. Kas sa pole neid lugenud?
- Osaliselt olen küll lugenud, kuid mitte kõiki. Võib-olla peaks veel mõne juurde ostma, mis sa arvad?
- Ära kõiki korraga osta! Nii kaua ei käi isegi sina hambaarsti juures, nende lugemiseks läheb mitu kuud. Vaata neid väiksemaid, paremat kätt, ilusate kaantega, kas näed? Need on odavamad ka, neid tasuks osta.
- Mina hindan raamatuid siiski sisu, mitte vormi või madala või kõrge hinna poolest.
- Kas tõesti? Missugune üllatus! Fakt aga on, et üks ja seesama romaan võib ilmuda mitu korda ning siis tasub küll hindu võrrelda! Vaata, siin on prantsuse kirjanike sari ja seal maailmakirjanduse sari. Osaliselt on tegu samade romaanidega, aga üks maksab kümme krooni rohkem kui teine.
- Ma armastan prantsuse kirjanikke, kuigi ma hindan kõrgelt ka inglise luulet, eriti moodsaid luuletusi. Olen neid palju lugenud ning tõlkinud. Praegu eelistaksin siiski luulet. Võtan ühe neist luulekogudest. Lähme kohe ära, enne kui suletakse ning meid välja visatakse.
- Sa pead niikuinii minema, sest sind oodatakse hambaarsti juures. Oi, vabandust, ma ei tahtnud sulle maailma halbu külgi meelde tuletada...
- Ah, tead, ega see mind ei sega. Vastaksin hoopis luuleridadega: „Ei ole paremaid, halvemaid aegu / on ainult hetk, milles viibime praegu." Kas sa ei ole neid ridu varem kuulnud? Kas tuleb meelde? Täpselt, Artur Alliksaar, temaga elad sa nimelt ka hambaarsti üle!
- Noh, siis nägemist ja jõudu!
- Tänan kena seltskonna eest, nägemiseni!

Glossar

Verben

filosofeerima, filosofeerida, filosofeerin	philosophieren
haarama, haarata, haaran	greifen, packen
jätkama, jätkata, jätkan	fortsetzen, fortführen, verlängern
kinkima, kinkida, kingin	schenken, verschenken
kinnitama, kinnitada, kinnitan	befestigen, versichern, bekräftigen
kolima, kolida, kolin	umziehen

külastama, külastada, külastan	besuchen
laenutama, laenutada, laenutan	leihen, ausleihen
muretsema, muretseda, muretsen	besorgen, sich beschaffen, zulegen
seadma, seada, sean	stellen, setzen, ordnen, regeln
seisnema, seisneda, seisnen	bestehen
siduma, siduda, seon	binden, verbinden
sõltuma, sõltuda, sõltun	abhängen, abhängig sein
tuletama, tuletada, tuletan	führen, ableiten, folgern
meelde tuletama	in Erinnerung rufen
tõmbama, tõmmata, tõmban	ziehen
varjutama, varjutada, varjutan	überschatten, bedecken

Substantive, Namen

autor, autori, autorit, autoreid	Autor/in
fakt, fakti, fakti, fakte	Fakt, Faktum, Tatsache
hambaarst, -arsti, -arsti, -arste	Zahnärztin, Zahnarzt
hammas, hamba, hammast, hambaid	Zahn
hulk, hulga, hulka, hulki	Menge, Masse, Haufen
joonistus, joonistuse, joonistust, joonistusi	Zeichnung
jõud, jõu, jõudu, jõude	Kraft, Stärke, Macht
keha, keha, keha, kehasid	Körper, Rumpf, Leib
kogu, kogu, kogu, kogusid	Sammlung, Masse, Menge
kohver, kohvri, kohvrit, kohvreid	Koffer
kott, koti, kotti, kotte	(Trage-)Tasche, Sack
kuju, kuju, kuju, kujusid	Gestalt, Form, Figur
kutse, kutse, kutset, kutseid	Einladung, Aufruf, Aufforderung, Beruf
luule, luule, luulet	Dichtung, Lyrik
luuletus, luuletuse, luuletust, luuletusi	Gedicht
maal, maali, maali, maale	Gemälde
määr, määra, määra, määri	Maß, Ausmaß, Norm, Weise
nõu, nõu, nõu, nõusid	Gefäß, Geschirr
pealkiri, -kirja, -kirja, -kirju	Überschrift
pisiasi, -asja, -asja, -asju	Kleinigkeit, Winzigkeit
raamatukauplus, -luse, -lust, -lusi	Buchhandlung
raamatukogu, -kogu, -kogu, -kogusid	Bibliothek
sari, sarja, sarja, sarju	Reihe, Serie, Gruppe, Folge
seltskond, -konna, -konda, -kondi	Gesellschaft, Kreis
sisu, sisu, sisu, sisusid	Inhalt, Gehalt, Füllung
valik, valiku, valikut, valikuid	Wahl, Auswahl, Entscheidung
viha, viha, viha, vihasid	Wut, Zorn, Groll
üllatus, üllatuse, üllatust, üllatusi	Überraschung, Erstaunen

Adjektive

paras, paraja, parajat, parajaid	passend, richtig, geeignet
peamine, peamise, peamist, peamisi	hauptsächlich, wesentlich, Haupt-
värvikas, värvika, värvikat, värvikaid	farbenfroh, farbig, bunt

Kleine Wörter

esile	hervor
igatahes	jedenfalls
juhuslikult	zufällig(erweise)
juurest	von, bei
järelikult	folglich
järsku	plötzlich, abrupt, jählings
kaudu	durch, über, mittels
kohale	an, zu, herbei, zur Stelle
koos	beisammen, zusammen
milline, millise, millist, milliseid	was für ein
osaliselt	teilweise
peamiselt	hauptsächlich
pool	bei
purjus	betrunken
seekord	diesmal
valesti	falsch, verkehrt
viimati	letztens, unlängst, neuerdings
äsja	gerade, kürzlich, eben
ükski, ühegi, ühtki/ühtegi	auch nur ein, ein einziges
üpris	ziemlich, recht, ganz

Ausdrücke

paras sulle!	geschieht dir recht!
paras talle!	geschieht ihr/ihm recht!
... ...	

Übungen

1. Wandeln Sie das Verb vom Präsens ins Perfekt und vom Präteritum ins Plusquamperfekt um:

Jaan on Helsingis.	Jaan on Helsingis olnud.
Te küsite liiga palju.	Te olete liiga palju küsinud.
Laev sõidab kohale.	Laev on kohale sõitnud.
Ma sõin liiga palju.	Ma olin liiga palju söönud.
Kas sa saad sellest aru?	Kas sa oled sellest aru saanud?
Epp käis kinos.	Epp oli kinos käinud.
Ma ootasin kaua.	Ma olin kaua oodanud.
Mart teab seda.	Mart on seda teadnud.
Me tuleme koju.	Me oleme koju tulnud.
Mida sa sellest arvasid?	Mida sa olid sellest arvanud?
Mida nad mõtlesid?	Mida nad olid mõelnud?
Tema räägib loo ära.	Tema on loo ära rääkinud.
Nad uskusid seda.	Nad olid seda uskunud.

Ma vaatan kogu aeg.	Ma olen kogu aeg vaadanud.
Ta tahtis seda väga.	Ta oli seda väga tahtnud.
Te annate meile kõik.	Te olete meile kõik andnud.
Ma vastasin kohe.	Ma olin kohe vastanud.
Kas sa õppisid rootsi keelt?	Kas sa olid rootsi keelt õppinud?
Nad arutavad asja.	Nad on asja arutanud.
See rõõmustas meid.	See oli meid rõõmustanud.

2. Verneinen Sie die folgenden Sätze:

Jaan on Helsingis olnud.	Jaan ei ole Helsingis olnud.
Ma olin liiga palju söönud.	Ma ei olnud liiga palju söönud.
Ta oli kõva häälega hüüdnud.	Ta polnud kõva häälega hüüdnud.
Laev on kohale tulnud.	Laev ei ole kohale tulnud.
Me oleme kohe hüpanud.	Me ei ole kohe hüpanud.
Kas sa oled sellest aru saanud?	Kas sa pole sellest aru saanud?
Epp oli kinos käinud.	Epp polnud kinos käinud.
Kas te olete tellinud?	Kas te pole tellinud?
Ma olin kaua oodanud.	Ma ei olnud kaua oodanud.
Mart on seda teadnud.	Mart pole seda teadnud.
Ta on mind ju löönud.	Ta pole mind ju löönud.
Oleme teksti tõlkinud.	Me pole teksti tõlkinud.
Me oleme koju tulnud.	Me ei ole koju tulnud.
Nad olid seda uskunud.	Nad ei olnud seda uskunud.
Ta oli seda väga tahtnud.	Ta polnud seda väga tahtnud.
Kas oled tunnistanud?	Kas sa pole tunnistanud?
Ma olin kohe vastanud.	Ma polnud kohe vastanud.
Nad on asja arutanud.	Nad pole asja arutanud.
Nad olid maja ehitanud.	Nad polnud maja ehitanud.
See oli meid rõõmustanud.	See polnud meid rõõmustanud.

3. Setzen Sie das Objekt in den Plural:

Ta ei ostnud raamatut.	Ta ei ostnud raamatuid.
Ma ei lugenud seda ajalehte.	Ma ei lugenud neid ajalehti.
Ma nägin sinu venda.	Ma nägin sinu vendi.
Nägin ilusat fotot.	Nägin ilusaid fotosid.
Tunnen seda paksu meest.	Tunnen neid pakse mehi.
Ma ei leidnud huvitavat autot.	Ma ei leidnud huvitavaid autosid.
Tunnen seda vana maja.	Tunnen neid vanu maju.
Nägin ainult pikka tänavat.	Nägin ainult pikki tänavaid.
Kohtasin sakslast.	Kohtasin sakslasi.
Ma ei näinud eesti laeva.	Ma ei näinud eesti laevu.

Õpetan uut sõna.	Õpetan uusi sõnu.
Eelistan muuseumi.	Eelistan muuseume.
Ma ei osta hobust.	Ma ei osta hobuseid.
Kas sa näed seda naist?	Kas sa näed neid naisi?
Ma ei söö koera.	Ma ei söö koerasid/koeri.
Ma ei taha oma sõpra näha.	Ma ei taha oma sõpru näha.
Ma armastasin venelast.	Ma armastasin venelasi.
Õppisin keelt.	Õppisin keeli.
Ma ei ostnud kella.	Ma ei ostnud kellasid/kelli.
Kas sa ei lugenud seda romaani?	Kas sa ei lugenud neid romaane?

4. Setzen Sie das eingeklammerte Wort in den korrekten Kasus und Numerus:

Mul on viis (vend).	Mul on viis venda.
Mul on väga palju (õde).	Mul on väga palju õdesid.
Eile on palju (vihm) sadanud.	Eile on palju vihma sadanud.
Kas näed neid kolme (venelane)?	Kas näed neid kolme venelast?
Ostan (see raamat).	Ostan selle raamatu.
Mitu (aasta) sa oled Eestis olnud?	Mitu aastat sa oled Eestis olnud?
Ostsin viis (raamat).	Ostsin viis raamatut.
Kui palju (raamat) sa ostsid?	Kui palju raamatuid sa ostsid?
Seal on kaheksasada (maja).	Seal on kaheksasada maja.
Nägin väga palju (lehm).	Nägin väga palju lehmi.
Kas sa jood palju (piim)?	Kas sa jood palju piima?
Ta tegi seda tööd palju (aasta).	Ta tegi seda tööd palju aastaid.
Selles majas on üheksa (korter).	Selles majas on üheksa korterit.
Sain temalt viis (kiri).	Sain temalt viis kirja.
Ma olen väga palju (kiri) saanud.	Ma olen väga palju kirju saanud.
Nägin seal (mitu uus inimene).	Nägin seal mitut uut inimest.
Kas teil oli palju (külaline)?	Kas teil oli palju külalisi?
Meil oli kakssada (külaline).	Meil oli kakssada külalist.
Väljas seisab kolm (ajakirjanik).	Väljas seisab kolm ajakirjanikku.
Homme sajab kindlasti palju (lumi).	Homme sajab kindlasti palju lund.

LEKTION 16

Grammatik

GWE: Agens, Impersonal, Indefinitpronomen, Interrogativpronomen, Lokaladverb, Modaladverb, tud-Partizip

tud-Partizip

Für die Verneinung des Präteritums des Impersonals (und für andere Formen) wird das Partizip Perfekt Impersonal verwendet. Das Kennzeichen ist **-dud** oder **-tud**. Das Suffix **-tud** wird in der Regel an den Stamm des **da**-Infinitivs angefügt, wobei Stufenwechselverben aber immer in der schwachen Stufe stehen. Die Endung **-dud** steht nur nach langem Vokal, nach Diphthong oder nach einem stammauslautenden **l**, **n** oder **r**.

ma-Infinitiv	*da*-Infinitiv	*tud*-Partizip	
saama	**saada**	**saadud**	bekommen
kõnelema	**kõnelda**	**kõneldud**	gesprochen
panema	**panna**	**pandud**	gestellt
jooma	**juua**	**joodud**	getrunken
teadma	**teada**	**teatud**	gewußt, bestimmt
lugema	**lugeda (loen)**	**loetud**	gelesen
saatma	**saata**	**saadetud**	geschickt
hakkama	**hakata**	**hakatud**	angefangen
kirjutama	**kirjutada**	**kirjutatud**	geschrieben
tegema	**teha**	**tehtud**	gemacht

Vergangenheitsformen des Impersonal

Das Präteritum des Impersonals hat das Suffix **-di** oder **-ti**. Bei Verben, deren **tud**-Partizip auf **-dud** endet, wird dies im Präteritum durch **-di** ersetzt, bei Verben, deren **tud**-Partizip auf **-tud** endet, wird dies im Präteritum durch **-ti** ersetzt:

ma-Infinitiv	*Impers. Präsens*	*Impers. Präteritum*	
saama	**saadakse**	**saadi**	man bekam
kirjutama	**kirjutatakse**	**kirjutati**	man schrieb
tundma	**tuntakse**	**tunti**	man fühlte
lugema	**loetakse**	**loeti**	man las
sõitma	**sõidetakse**	**sõideti**	man reiste
võtma	**võetakse**	**võeti**	man nahm

Bei Verben, deren Impersonal im Präsens auf **-akse** endet, treten die gleichen Veränderung wie bei der Verneinung des Präsens auf:

ma-Infinitiv	Impers. Präsens	Impers. Präteritum	
panema	**pannakse**	**pandi**	man stellte
minema	**minnakse**	**mindi**	man ging
jooma	**juuakse**	**joodi**	man trank
tegema	**tehakse**	**tehti**	man machte

Die Verneinung des Präteritums wird mit der Partikel **ei** gebildet, der das **tud**-Partizip nachgestellt wird:

Präteritum	neg Präteritum	
maksti	**ei makstud**	man bezahlte nicht
loeti	**ei loetud**	man las nicht
söödi	**ei söödud**	man aß nicht
nähti	**ei nähtud**	man sah nicht

Das *Perfekt* des Impersonals wird gebildet mit Hilfe der 3. Person sg Präsens des Hilfsverbs und des **tud**-Partizips, das *Plusquamperfekt* mit Hilfe der 3. Person sg Präteritum des Hilfsverbs und des **tud**-Partizips. Bei der Verneinung wird das Hilfsverb verneint, das **tud**-Partizip bleibt unverändert:

Perfekt	neg Perfekt	
on kirjutatud	**ei ole kirjutatud**	man hat geschrieben/nicht geschrieben
on loetud	**ei ole loetud**	man hat gelesen/man hat nicht gelesen

plq	neg plq	
oli loetud	**ei olnud loetud**	man hatte gelesen/nicht gelesen
oli toodud	**ei olnud toodud**	man hatte gebracht/nicht gebracht

Text

- Virve siin pool, kas Arvo on ka kodus?
- Üks hetk, ma kohe kutsun. Oota palun.
- Arvo kuuleb.
- Tere, Virve siin. Kuule, kas mäletad seda pidu Priidu ja Reeda juures, seal, kus ehitati nende uut maja? Tol õhtul joodi ja söödi kõvasti, ning enne kojuminemist hakati veel kõvasti tülitsema, majanduse ja ühiskonna üle vaidlema ja nii edasi. Mäletad?
- Mäletan küll, miks sa seda kõike meelde tuletad?
- Kas sul see on ka meeles, mida tookord ajalehes kirjutati?

- Noh, miks ei ole, seal vist näidati ilusaid pilte, kuidas ehitus käib, ning samuti oli juttu sellest, et riigi poolt anti toetust, eks ole.
- Õigus. Aga millest veel räägiti?
- Miks sa mind piinad? Mäletan väga hästi, et tookord öeldi, et vana kauplus lammutatakse maha, et selle asemel kavatsetakse saun ehitada, eks ole. Keegi peale minu polnud selle vastu. Mind kuulati ära, aga see oligi kõik. Pärast sunniti mind jooma ning hiljem võidigi ütelda, et olin purjus. Miks sa seda kõike meelde tuletad?
- Kuule, see pole telefonijutt. Mis sul praegu kavas on? Astun korraks läbi, kas sobib?
- Sobib küll, mul on õhtuni aega, ootan sind.
- Hästi, tulen kohe, nägemiseni.

- Tere, Virve, astu sisse. Mis uudiseid sa mulle tood?
- Väga huvitavaid uudiseid, selles võid kindel olla. Nimelt, sulle teadmiseks: sauna sinna ei ehitatudki.
- Kuhu?
- Noh, sinna kohta, jõe ääres, sinu esivanemate krundile, kus see vana kauplus oli. Või on. Sest ta on alles, teda ei võetudki maha.
- Kas tõesti? Ma ei saa aru. Meie vana talu oli siiski juba lammutatud ja kaupluse suhtes oli neil kindel plaan olemas.
- Oli, oli, aga mina rääkisin neile augu pähe ning veensin neid, et avalik arvamus on kaupluse lammutamise vastu. Vana kultuurilooline väärtus ja nii edasi. Nad veendusid selles ning kauplus on siiamaani alles. Ei võetudki maha, kuigi krunt oli ostetud ja kõik juba kinni makstud. Kauplus müüdi kellelegi edasi, nüüd töötab see jälle!
- Kui tore! Siis on põhjust pidutsemiseks!
- Näed, ei maksa karu nahka jagada, enne kui ta on tapetud, või kuidas see kõlab?
- Umbes niiviisi. Igatahes joome nüüd selle vana kaupluse terviseks. Kas sul on midagi?
- Siin on üks pudel õunaveini, ema tehtud, sel on väga hea lõhn, ainult maitse üle on palju vaieldud. Aga proovi ise, minu meelest ta kõlbab küll. Mis sa arvad?
- Täitsa hea, ta maitseb veel paremini kui lõhnab. Ta lõhnab millegi järele... ma ei tea, mis see on. Kuid maitse on täitsa korras. Aga kas sul midagi süüa ka on? Ma pole terve päeva veel ühtki leivatükki suhu saanud.
- Kardan, et kõik on ära söödud, eile käidi meil külas, midagi pole järele jäänud. Tead, lähme mainitud kauplusse ja pärast Priidu ja Reeda poole, tahaksin ometi pisut täpsemalt teada saada, kuidas kõik läks.
- Olgu, oleme rääkinud, nii teemegi, lähme.

- Tere, Priit ja Reet, jutustage meile nüüd, miks seda sauna siiski ei ehitatud. Kas siin majas sauna äkki enam ei tahetudki, või kuidas?

- Tead, Arvo, asi polnudki nii lihtne kui tookord kevadel paistis. Kevadel kavatseti veel rajada mingi selvekauplus teispool tänavat, kuid kui meie maja sügisel valmis sai, selgus, et linnavalitsuses olid plaanid jälle muudetud. Mitte üht suuremat kauplust ei tahetud rajada, vaid mitmeid väiksemaid poode. Nõnda see läkski, et see vana kauplus jõe ääres jäi alles.
- Aga te olite selle juba ostnud, eks ju?
- Seda küll, aga eks ta sai edasi müüdud, üleeile saime rahad kätte, kõik on korras. Ainult et...
- Ainult mida? Kas siiski pole kõik korras? Sa ei jäänud kuidagi rahule...
- Noh, mõtlesin et kätte saadud rahaga võiks ju midagi mõistlikku peale hakata, eks ole. Midagi osta, saad aru.
- Osta kas või jalgratas. See on mõistlik ja otstarbekas asi.
- Kuule, vana loll, müüdud kaupluse eest saadakse rohkem raha, kui ühe jalgratta tarvis vaja läheb. Ja meil on auto ka olemas, mis sellest, et see on päris vana masin.
- Mõtle ometi keskkonna peale! Pealegi võite ju mitu jalgratast osta, kas või kuus: Kummalegi teist kaks, üks kevade ja suve, teine sügise ja talve jaoks, kui teed on porised. Ja veel kaks meile, see oleks alles hea tegu! Või mida sina arvad, Virve?
- Arvan kõigepealt, et on aeg minna, enne kui te jälle tülli lähete.
- Kuidas nii, ma ainult...
- Tule nüüd, kas möödunud kevad on juba unustatud?
- Kas see on käsk? Kes sa mulle oled, et võid mind käskida või keelata?
- Ole vait ja rahune maha. See oli üksnes soovitus, ise vastutad oma tegude eest, võid jääda kui tahad, mina pole su esinaine või esimees, mina igal juhul lahkun nüüd. Hüvasti.
- Head... head aega, näed, läkski minema.

- Arvo, mina teie suhtest hästi aru ei saa. Ükskord käitute nagu vana paar, teinekord olete tülis nagu õde ja vend. Kumb ta sulle on, sõbranna või õde?
- Eks mingil määral mõlemat, sest ta on mu klassiõde, oleme palju aastaid koolis samas klassis olnud, istusime isegi kõrvuti, aga pärast kooli ei ühendanud meid enam miski: tema läks ülikooli, mind aga võeti siin linnas tööle. Kui mõne aasta eest uuesti kohtusime, algas kõik.
- Mis kõik?
- Ma ei tea ju, missugune see meie suhe täpselt on, missuguseks see on välja kujunenud.
- Aga kumba sa eelistaksid: õde või armsamat? Tänase vaidluse põhjal võiks ju oletada, et sulle meeldib, kui ta käitub nagu vanem õde.
- Teate, paljud inimesed mind ei mõista, minust ei ole peaaegu kunagi õigesti aru saadud, liiga tihti saadakse valesti aru, ainult üksikud mõistavad mind täielikult ja taipavad, mida mõtlen. Ja tema on üks neist vähestest, uskuge või mitte, ja kui

inimest mõistetakse, siis on ju täitsa ükskõik, kas seda tehakse õena, vennana või armastajatena. On ju nii.

Glossar

Verben

jagu saama	durchsteigen, kapieren, mit etwas fertigwerden, bewältigen, meistern
kavatsema, kavatseda, kavatsen	vorhaben, planen, beabsichtigen
kõlama, kõlada, kõlan	klingen, sich anhören, lauten
kõlbama, kõlvata, kõlban	taugen, gut sein, gelten
käskima, käskida, käsin	befehlen
lõhnama, lõhnata, lõhnan	duften, riechen
mainima, mainida, mainin	erwähnen, nennen
pidutsema, pidutseda, pidutsen	feiern
oletama, oletada, oletan	annehmen, vermuten
piinama, piinata, piinan	quälen, peinigen, foltern
rajama, rajada, rajan	gründen, anlegen, stiften
selguma, selguda, selgun	sich herausstellen, sich erweisen
sundima, sundida, sunnin	zwingen, nötigen
taipama, taibata, taipan	begreifen, verstehen
tapma, tappa, tapan	töten, ermorden, erlegen
vastutama, vastutada, vastutan	verantworten, verantwortlich sein
veenma, veenda, veenan	jdn. überzeugen
veenduma, veenduda, veendun	sich überzeugen, sich vergewissern
ühendama, ühendada, ühendan	verbinden, vereinigen

Substantive, Namen

aadress, aadressi, aadressi, aadresse	Adresse
armastaja, -taja, -tajat, -tajaid	Liebhaber/in, Liebende/r
auk, augu, auku, auke	Loch
esimees, -mehe, -meest, -mehi	Vorgesetzter, Präsident
esinaine, -naise, -naist, -naisi	Vorgesetzte, Präsidentin
jagu, jao, jagu, jagusid	Teil, Anteil, Gruppe
jalgratas, -ratta, -ratast, -rattaid	Fahrrad
karu, karu, karu, karusid	Bär
kava, kava, kava, kavasid	Programm, Plan, Vorhaben
keskkond, -konna, -konda, -kondi	Umwelt
klass, klassi, klassi, klasse	Klasse
klassivend, -venna, -venda, -vendi	Mitschüler
klassiõde, -õe, -õde, -õdesid	Mitschülerin
krunt, krundi, krunti, krunte	Grundstück
käsk, käsu, käsku, käske	Befehl
linnavalitsus, -suse, -sust, -susi	Stadtverwaltung
lõhn, lõhna, lõhna, lõhnu	Duft, Aroma

masin, masina, masinat, masinaid	Maschine, Auto
nahk, naha, nahka, nahku	Haut, Fell
ots, otsa, otsa, otsi	Ende, Schluß; Anfang, Spitze
paar, paari, paari, paare	Paar, Pärchen
põhi, põhja, põhja, põhju	Grund, Ursache, Hintergrund
ratas, ratta, ratast, rattaid	Rad
selvekauplus, -luse, -lust, -lusi	Selbstbedienungsladen
soovitus, soovituse, soovitust, soovitusi	Empfehlung
suhe, suhte, suhet, suhteid	Verhältnis, Beziehung, Bezug
vaidlus, vaidluse, vaidlust, vaidlusi	Streit, Polemik
väärtus, väärtuse, väärtust, väärtusi	Wert, Preis
ülikool, -kooli, -kooli, -koole	Universität

Adjektive

avalik, avaliku, avalikku, avalikke	öffentlich, offen
kultuurilooline, -loolise, -loolist, -loolisi	kulturgeschichtlich
mõistlik, mõistliku, mõistlikku, mõistlikke	vernünftig, sinnvoll
otstarbekas, -beka, -bekat, -bekaid	zweckmäßig
porine, porise, porist, poriseid	schmutzig, verschmutzt
tänane, tänase, tänast, tänaseid	heutig
vähesed, väheste, väheseid	wenige
üksik, üksiku, üksikut, üksikuid	einzeln, einzig, vereinzelt

Kleine Wörter

ei / mitte keegi	niemand
ei / mitte miski	nichts
kas või	zum Beispiel, etwa, warum nicht
kumb, kumma, kumba	wer, welche/r (von zweien)
kumbki, kummagi, kumbagi	beide
kõigepealt	zunächst, vor allem, in erster Linie
kõrvuti	nebeneinander
miski, millegi, midagi	etwas
poole	zu, nach
tarvis	für, zu, zwecks
teinekord	ein andermal
teispool	jenseits, auf der anderen Seite, gegenüber

Übungen

1. Setzen Sie die Sätze ins Präteritum des Impersonals:

Siin lauldakse palju.	Siin lauldi palju.
Mida siin pakutakse?	Mida siin pakuti?
Kas juba süüakse?	Kas juba söödi?
Ma ei tea, kas sellest saadakse aru.	Ma ei tea, kas sellest saadi aru.

Kas käiakse palju teatris?	Kas käidi palju teatris?
Öeldakse, et sa olid haige.	Öeldi, et sa olid haige.
Kas oodatakse kaua?	Kas oodati kaua?
Seda siin ei teata.	Seda siin ei teatud.
Poed suletakse varsti.	Poed suleti varsti.
Ma ei tea, mis sellest arvatakse.	Ma ei tea, mis sellest arvati.
Kinos siin palju ei käida.	Kinos siin palju ei käidud.
Räägitakse, et sinna ehitatakse maja.	Räägiti, et sinna ehitati maja.
Meil elatakse väga hästi.	Meil elati väga hästi.
Seda ei kontrollita.	Seda ei kontrollitud.
Kas siin üldse töötatakse?	Kas siin üldse töötati?
Kas neid võetakse vastu?	Kas neid võeti vastu?
Seda teatakse ainult Tallinnas.	Seda teati ainult Tallinnas.
Taksot ei tellita.	Taksot ei tellitud.
Selle eest hoolitsetakse kindlasti.	Selle eest hoolitseti kindlasti.
Asja uuritakse.	Asja uuriti.
Seal palutakse, et sa tuleksid.	Seal paluti, et sa tuleksid.
Kala ei sööda meil üldse.	Kala ei söödud meil üldse.
Kõik antakse lastele.	Kõik anti lastele.
Seda siin ei usuta.	Seda siin ei usutud.
Hakatakse tantsima.	Hakati tantsima.
Mida siin tehakse?	Mida siin tehti?
Meie majas ei ööbita.	Meie majas ei ööbitud.
Selle eest makstakse palju.	Selle eest maksti palju.
Kus õpetatakse vene keelt?	Kus õpetati vene keelt?
Pidu siin täna ei peeta.	Pidu siin täna ei peetud.
Seda maja ei põletata maha.	Seda maja ei põletatud maha.
Kas selle üle rõõmustatakse?	Kas selle üle rõõmustati?
Toolid lükatakse nurka.	Toolid lükati nurka.
Näed, juba tuuakse kala lauale.	Näed, juba toodi kala lauale.
Seal müüakse piima.	Seal müüdi piima.
Siin ei nuteta väga palju.	Siin ei nutetud väga palju.
Kas kaotatakse väga palju?	Kas kaotati väga palju?
Palju veini meil ei jooda.	Palju veini meil ei joodud.
Pudelid kantakse laudadele.	Pudelid kanti laudadele.
Mis seal hüütakse?	Mis seal hüüti?
Seda raamatut ei panda lauale.	Seda raamatut ei pandud lauale.
Seda otsustatakse valitsuses.	Seda otsustati valitsuses.
Kas lubatakse kindlasti?	Kas lubati kindlasti?
Mis keelt siin kõneldakse?	Mis keelt siin kõneldi?
Mind sellega ei segata.	Mind sellega ei segatud.

2. Wandeln Sie das Verb vom Präsens ins Perfekt und vom Präteritum ins Plus-
   quamperfekt um:

Siin lauldakse palju.	Siin on palju lauldud.
Mida siin pakuti?	Mida siin oli pakutud?
Kas juba söödi?	Kas juba oli söödud?
Kas käiakse palju teatris?	Kas on palju teatris käidud?
Kas oodati kaua?	Kas oli kaua oodatud?
Seda siin ei teata.	Seda siin ei ole teatud.
Poed suleti varsti.	Poed olid varsti suletud.
Kinos siin palju ei käida.	Kinos siin palju ei ole käidud.
Meil elatakse väga hästi.	Meil on väga hästi elatud.
Seda ei kontrollitud.	Seda ei olnud kontrollitud.
Kas siin üldse töötatakse?	Kas siin üldse on töötatud?
Kas neid võetakse vastu?	Kas neid on vastu võetud?
Taksot ei tellita.	Taksot ei ole tellitud.
Selle eest hoolitseti kindlasti.	Selle eest oli kindlasti hoolitsetud.
Asja uuriti.	Asja oli uuritud.
Kala ei sööda meil üldse.	Kala ei ole meil üldse söödud.
Kõik anti lastele.	Kõik oli lastele antud.
Seda siin ei usuta.	Seda siin ei ole usutud.
Hakati tantsimagi.	Oli hakatud tantsimagi.
Mida siin tehakse?	Mida siin on tehtud?
Meie majas ei ööbitud.	Meie majas ei olnud ööbitud.
Selle eest makstakse palju.	Selle eest on palju makstud.
Kus õpetati vene keelt?	Kus oli vene keelt õpetatud?
Pidu täna siin ei peeta.	Pidu täna siin ei ole peetud.
Seda maja ei põletatud maha.	Seda maja ei olnud maha põletatud.
Kas selle üle rõõmustatakse?	Kas selle üle on rõõmustatud?
Toolid lükati nurka.	Toolid olid nurka lükatud.
Seal müüdi piima.	Seal oli piima müüdud.
Siin väga palju ei nutetud.	Siin ei olnud väga palju nutetud.
Kas kaotatakse väga palju?	Kas on väga palju kaotatud?
Need hobused ostetakse.	Need hobused on ostetud.
Meil ei jooda palju veini.	Meil ei ole palju veini joodud.
Pudelid kantakse laudadele.	Pudelid on laudadele kantud.
Mida seal karjutakse?	Mida seal on karjutud?
Kas mindi koju?	Kas oli koju mindud?
Seda raamatut ei pandud lauale.	Seda raamatut ei olnud lauale pandud.
Seda otsustatakse valitsuses.	Seda on valitsuses otsustatud.
Kas lubatakse kindlasti?	Kas on kindlasti lubatud?

Kas sind palju piinati?   Kas sind oli palju piinatud?
Mis keelt kõneldi?   Mis keelt oli kõneldud?

3. Setzen Sie die korrekte Form des eingeklammerten Pronomens ein:

Ta nägi seal (keegi).   Ta nägi seal kedagi.
Mina pole (miski) näinud.   Mina pole midagi näinud.
Pean (keegi) küsima.   Pean kelleltki küsima.
See on (keegi teine) oma.   See on kellegi teise oma.
Kas (keegi) on aega?   Kas kellelgi on aega?
Kohtusin (keegi).   Kohtusin kellegagi.
See ei sõltu (miski).   See ei sõltu millestki.
Nad mängivad (miski).   Nad mängivad millegagi.
Pean selle (keegi) andma.   Pean selle kellelegi andma.
Olen raamatu (keegi) saanud.   Olen raamatu kelleltki saanud.
See peab ju (miski) hea olema.   See peab ju millekski hea olema.
Ma kuulsin (miski).   Ma kuulsin midagi.
Sa pead ju (keegi) saama!   Sa pead ju kellekski saama!
Ma ei mäleta (keegi).   Ma ei mäleta kedagi.
Ma ei saanud (miski) aru.   Ma ei saanud millestki aru.
See lõhnab (miski) järele.   See lõhnab millegi järele.
Ostsin selle raamatu (keegi).   Ostsin selle raamatu kellelegi.
Seda tuleb (miski) ühendada.   Seda tuleb millegagi ühendada.
Ta tuli (keegi).   Ta tuli kellegagi.
Ma sain (keegi) aadressi.   Ma sain kellegi aadressi.

LEKTION 17

Grammatik

GWE: da-Infinitiv, Finalität, Konditional, ma-Infinitiv, Partikelverb, Partizip, Relativprono-men,
Satzentsprechung

da-Infinitiv

Der **da**-Infinitiv kann flektiert werden und in der Inessivform stehen. Hierbei wird das **-a** der **da**-Infinitivendung durch **-es** ersetzt:

ma-Infinitiv, **da**-*Infinitiv*	**da**-*Infinitiv im ine*	
armastama, armastada	**armastades**	liebend, liebenderweise
naerma, naerda	**naerdes**	lachend, lachenderweise
ootama, oodata	**oodates**	wartend, wartenderweise
tulema, tulla	**tulles**	kommend
sööma, süüa	**süües**	essend
minema, minna	**minnes**	gehend

Diese Form wird im Deutschen mit einem Partizip Präsens Aktiv in adverbialer Funktion oder einem ganzen Nebensatz ('Satzentsprechung') wiedergegeben:

Õde tuli naerdes tagasi.	Die Schwester kam lachend zurück.
Nad läksid lauldes edasi.	Sie zogen singend weiter.
Lapsed tulid joostes.	Die Kinder kamen angerannt (rennend).
Õpime lugedes.	Wir lernen durchs Lesen / lesenderweise.
Süües kasvab isu.	Mit dem Essen wächst der Appetit.

ma-Infinitiv

Neben der (illativischen, richtungsweisenden) Grundform kann der **ma**-Infinitiv auch in einigen anderen Kasusformen auftreten:

ine	**lugemas**	beim Lesen
ela	**lugemast**	vom Lesen (z.B. kommen)
tra	**lugemaks**	zum Lesen, um zu lesen
abe	**lugemata**	ohne Lesen, ohne zu lesen, ungelesen

Konditional Perfekt

Der Konditional des Perfekts wird mit Hilfe des Konditionals von **olema** und dem **nud**-Partizip des jeweiligen Verbs gebildet:

ma oleksin lugenud	ich hätte gelesen
sa oleksid lugenud	du hättest gelesen
ta oleks lugenud	sie/er hätte gelesen
me oleksime lugenud	wir hätten gelesen
te oleksite lugenud	ihr hättet gelesen
nad oleksid lugenud	sie hätten gelesen

Verneinung:

ma ei oleks lugenud	ich hätte nicht gelesen
sa ei oleks lugenud	du hättest nicht gelesen
ta ei oleks lugenud	sie/er hätte nicht gelesen
me ei oleks lugenud	wir hätten nicht gelesen
te ei oleks lugenud	ihr hättet nicht gelesen
nad ei oleks lugenud	sie hätten nicht gelesen

Auch im Perfekt gibt es eine Kurzform des Konditionals. Diese ist aber weit weniger gebräuchlich als im Präsens und gehört nur der Schriftsprache an:

ma oleksin lugenud = lugenuksin = ma lugenuks 'ich hätte gelesen'

Relativpronomen

Das Relativpronomen ist identisch mit dem Interrogativpronomen. Für Singular und Plural werden die gleichen Formen benutzt. Die in der folgenden Tabelle unter Plural eingetragene Form wird nur sehr selten benutzt:

	sg		*(pl)*
nom	kes	mis	kes/mis
gen	kelle	mille	kellede/millede
par	keda	mida	keda/mida
ill	kellesse	millesse	kelledesse/milledesse
ine	kelles	milles	kelledes/milledes
ela	kellest	millest	kelledest/milledest
all	kellele	millele	kelledele/milledele
ade	kellel/kel	millel/mil	kelledel/milledel
abl	kellelt	millelt	kelledelt/milledelt
tra	kelleks	milleks	kelledeks/milledeks
ter	kelleni	milleni	kelledeni/milledeni
ess	kellena	millena	kelledena/milledena
abe	kelleta	milleta	kelledeta/milledeta
kom	kellega	millega	kelledega/milledega

Partizip Präsens

Das Partizip Präsens Aktiv wird gebildet, indem die Endung **-ma** des **ma**-Infinitivs durch **-v** ersetzt wird:

lugema   lesen   **lugev**   lesend

Das Partizip Präsens Impersonal wird gebildet, indem die Endung **-tud/-dud** des **tud**-Partizips durch **-tav/-dav** ersetzt wird:

loetud   gelesen   **loetav**   zu lesen, lesbar

Beide Partizipien können vollständig flektiert werden:

nom	**lugev**	**loetav**
gen	**lugeva**	**loetava**
par	**lugevat**	**loetavat**
ill	**lugevasse**	**loetavasse**
ine	**lugevas**	**loetavas**
...	...	...

Text

- Kas sa tänast lehte juba oled lugenud, Mati?
- Ei ole. Miks sa küsid, kas on midagi tähtsat sees?
- Kuidas võtta, kas tähtis või mitte, igatahes poleks sa neid teateid mujalt kätte saanud. Kuula, ma loen sulle ette: „Eile õhtul kell kaheksa..."
- Oota, ma ei saa sõnagi aru, pean enne raadio kinni keerama. Nii, sai kinni keeratud. Palun, kuulan sind nüüd.
- Nii, „Eile õhtul kell kaheksa ..."
- Kus kohal?
- Kuidas kus kohal?
- Kus kohal „eile õhtul kell kaheksa"?
- Oota nüüd ometi, las ma loen rahulikult: „Eile õhtul kell kaheksa võeti kinni kaua otsitud varas Vabaduse platsil, mille ääres asub..."
- See pole plats, see on ju väljak!
- Ära sega mind kogu aeg! Siin on lugeda „plats", ja ajalehes kirjutavad inimesed peaksid ikka teadma, kas see on plats või väljak. Ole nüüd vait ja kuula mind! „Eile õhtul kell kaheksa võeti kinni kaua otsitud varas Vabaduse platsil, mille ääres asub teatud suur raamatukauplus. Punkt. Tema..."
- Miks sa punkte kaasa loed? Kas see on nüüd uus mood?
- Ei ole. Aga ma olin nii õnnelik ja uhke, et sain lausega lõpule.

- Soovin palju õnne. Aga see, millest sa pidid mulle rääkima ja mis pidi nii põnev olema, jäi mulle veel ebaselgeks.
- Pole ime, sest sa peaksid ükskord ometi kuulama, et aru saada.
- Teen seda ainult tingimusel, et sa etteloetava teksti ilma punktideta arusaadaval viisil ette kannad.

- Niisiis, kuula nüüd hoolega: „Eile õhtul kell kaheksa võeti kinni kaua otsitud varas Vabaduse platsil, mille ääres asub teatud suur raamatukauplus. Tema käes oli viis nimetatud raamatukauplusest kadunud raamatut. Hiljem tema kodus toime pandud läbiotsimisel leitud esemete põhjal, mille peal oli selgesti näha tagaotsitava sõrmejäljed, võib oletada, et kõne all olev isik on süüdi ka teistes kuritegudes. Politsei süüdistab teda...“
- Kuule, ma ei jaksa enam. Minu arvates on see ju täitsa normaalne lugu, milliseid on ajalehtedes tuhandete kaupa. Mis meil sellega tegemist on? Sellega võrreldes, mida ma üleeile lugesin, pole selles midagi erilist. Kas mäletad? See oli see lugu, kus keegi hull oli mingist tehasest ära viinud viis tuhat naela, millega ta täitis oma patju. Kui politsei saabus, tormas ta ühe padjaga neile kallale, see läks muidugi katki ja põrandal olidki laiali kõik varastatud naelad. Oli see alles hull lugu!
- Oleksid sa pisut oodanud ja lasknud mul edasi lugeda, siis oleksid küll näinud, et käesolevas loos on midagi erilist. Sest vaata: „Politsei süüdistab teda järgmises: peale mainitud viie raamatu äraviimise kahe raamatupaki varastamises bussijaamas möödunud laupäeval, raskes varguses erakorterist Pärnu maantee number kuusteist kaks nädalat tagasi ning võimalik, et veel teistes suuremates ja väiksemates raamatutega seoses olevates vargustes.“ Mis sa nüüd ütled? Kas naerda või nutta?
- Kui oleksin mõistnud kogu lugu, võiksin emba-kumba teha, aga kahjuks ma ei taibanud kübetki.
- Issand jumal, kas sa oled tõesti nii aeglane? Ma varsti loobun sulle midagi ette lugemast. Kuule, see tagaotsitav või nüüd kätte saadud isik, kes eile raamatukauplusesse sisse murdis, kellel olid need kadunud raamatud, kelle korterist leiti mitmed varastatud esemed, ning kelle osas politsei pole kindel, mitu muud vargust ta veel sooritas, – see on ju meile hästi tuttav isik, kellega me alles üleeile koos istusime.
- Kuidas?! Sa ju ei mõtle ometi, et seda kõike oleks teinud meie Peeter, et ta oleks sisse murdnud, raamatuid ära viinud ja ma ei tea mis veel. Ei, ei, ta on küll raamatuhull, aga et vargaks saada, peab veel midagi muud olema, mida temas ei ole. Selleks on ta liiga pai poiss, päris kindlasti.
- Minu teada on kõik vargad eraelus väga armsad inimesed. Nii et...
- Kuidas „sinu teada“? Kas sa siis tunned nii palju vargaid?
- Ei tunne ühtegi, aga ajalehti lugedes saab ju üht-teist teada. Seda arvesse võttes pole sugugi välistatud, et meie armas Peeter võis läbi linna jalutades siin või

seal mõne raamatu või koguni raamatupaki kaasa võtta. Mis muud tal üle jääb, nii vaene kui ta on.

- Paljugi mis võimalik, aga ma lihtsalt ei usu, et ta oleks kusagil varastamas käinud. See ju tähendaks, et eile meile vastu sattudes oleks ta otsekohe sisse murdmast tulnud, sa mäletad ju, tal olid raamatud kaenlas.
- Me võime seda ju järele kontrollida: helistame talle. Kui ta on kodus, mitte vanglas, siis on ta arvatavasti süütu.

- Peeter Sepp kuuleb.
- Tere Peeter, Virve siin otsas. Kuidas sa elad, millega tegeled?
- Tänan küsimast. Ma olen just söömas, tähendab, telefonile vastamiseks olen korraks söömise katkestanud, et natuke viisakas olla. Mis uudist sul on?
- Tegelikult midagi erilist polegi. Küsiksin ainult, kas sa tänast lehte oled juba lugenud?
- Ei, see on mul täna veel lugemata, lihtsalt ei jõudnud, ma tulin hommikul ujumast ning hakkasin kohe tööle. On õudselt palju tegemist, viis raamatut on lugemata, homme peaks nad tagasi viima.
- Viis!?
- Täpselt viis, mis siis sellest? Miks sa küsid? Kas on midagi juhtunud või?
- Ei ole midagi juhtunud, aga oleks võinud juhtuda.
- Kuidas ma peaksin sellest aru saama?
- Mitte kuidagi, aga üks küsimus on mul veel: kas sa käisid eile raamatuid ostmas?
- Eile või? Las ma mõtlen, kui tulin õpetamast, läksin kohe malet mängima, nii... ja mängimast tulles olid poed vist juba kinni. Ei, ma vist ei käinud eile üheski raamatupoes, kuigi tegelikult oleksin pidanud minema, sest edasi uurimiseks vajan hädasti üht raamatut. Noh, mis eile tegemata jäi, võib ju täna ära teha! Aga ütle, palun, milleks sul on vaja seda kõike teada?
- Seda ma sulle ei ütle.
- Miks?
- Lihtsalt ei ütle.
- No, kuule, miks sa nüüd keeldud seda ütlemast, kui mina katkestasin nii viisakalt söömise, et telefonile vastata? Ma oleksin võinud ka vastamata jätta, siis poleks sa mitte midagi teada saanud. Pea seda meeles! Hüvasti!

Glossar

Verben

arvesse võtma	berücksichtigen
ette lugema	vorlesen
katkestama, katkestada, katkestan	unterbrechen, abbrechen
katki minema	kaputtgehen, zerfallen
keelduma, keelduda, keeldun	sich weigern, ablehnen

keerama, keerata, keeran — drehen, wenden
kinni keerama — zudrehen, abstellen, abdrehen, zuschrauben
kinni võtma — festnehmen
lahti keerama — aufdrehen, anstellen, aufschrauben
loobuma, loobuda, loobun — aufgeben, aufhören, entsagen
murdma, murda, murran — brechen, zerbrechen
sisse murdma — einbrechen
sooritama, sooritada, sooritan — absolvieren, durchführen, ausführen, vollziehen

süüdistama, süüdistada, süüdistan — beschuldigen, anklagen
taga otsima — verfolgen, suchen
toime panema — durchführen, vollstrecken
tormama, tormata, torman — stürmen, jagen, rasen
täitma, täita, täidan — füllen, anfüllen, erfüllen
ujuma, ujuda, ujun — schwimmen
varastama, varastada, varastan — stehlen, klauen
välistama, välistada, välistan — ausschließen
ära viima — wegschaffen, stehlen

Substantive, Namen

eraelu, -elu, -elu, -elusid — Privatleben
erakorter, -korteri, -korterit, -kortereid — Privatwohnung
ese, eseme, eset, esemeid — Gegenstand, Objekt, Ding
issand, issanda, issandat, issandaid — Herr, Herrscher, Gott
jälg, jälje, jälge, jälgi — Spur, Abdruck
kaenal, kaenla, kaenalt, kaenlaid — Achsel, Arm
kuritegu, -teo, -tegu, -tegusid — Verbrechen
kübe, kübeme, kübet, kübemeid — Staubkörnchen, Krümel, Krümchen
male, male, malet — Schachspiel, Schach
mood, moe, moodi, moode — Mode, Art und Weise
nael, naela, naela, naelu — Nagel; Pfund
padi, padja, patja, patju — Kissen
pass, passi, passi, passe — Paß, Reisepaß
plats, platsi, platsi, platse — Platz
politsei, politsei, politseid — Polizei
punkt, punkti, punkti, punkte — Punkt
sõrm, sõrme, sõrme, sõrmi — Finger
tekst, teksti, teksti, tekste — Text
tingimus, tingimuse, tingimust, tingimusi — Bedingung
tädi, tädi, tädi, tädisid — Tante
vangla, vangla, vanglat, vanglaid — Gefängnis
varas, varga, varast, vargaid — Dieb/in
vargus, varguse, vargust, vargusi — Diebstahl
väljak, väljaku, väljakut, väljakuid — Platz

Adjektive

normaalne, -lse, -lset, -lseid	normal, gewöhnlich
pai, pai, paid, paisid	brav, lieb, artig
põhjalik, põhjaliku, põhjalikku, põhjalikke	gründlich
süütu, süütu, süütut, süütuid	unschuldig, schuldlos
uhke, uhke, uhket, uhkeid	stolz
viisakas, viisaka, viisakat, viisakaid	höflich, anständig
õudne, õudse, õudset, õudseid	schrecklich, fürchterlich, gräßlich, unheimlich

Kleine Wörter

emb-kumb, emma-kumma, emba-kumba	eins von beiden
katki	kaputt
kaupa	-weise, -fach
laiali	auseinander, zerstreut

Übungen

1. Formulieren Sie den mit **kui** oder **ja** beginnenden Satz in eine Satzentsprechung um:

Ta tuli koju ja laulis.	Ta tuli lauldes koju.
Kui ma koju tulin, rääkisin kogu aeg.	Koju tulles rääkisin kogu aeg.
Kui ta ust avas, nägi ta karu.	Ust avades nägi ta karu.
Mart tuli tagasi ja naeris.	Mart tuli naerdes tagasi.
Kui koju sõitsime, kuulasime muusikat.	Koju sõites kuulasime muusikat.
Sa unustasid passi, kui sa ära läksid.	Sa unustasid ära minnes passi.
Nad õpivad, kui nad loevad.	Nad õpivad lugedes.
Kui sööme, kasvab meie isu.	Süües kasvab meie isu.
Kui ma seda nägin, sain kohe aru.	Seda nähes sain kohe aru.
Kui ta lõpetas lugu, hakkas ta naerma.	Lugu lõpetades hakkas ta naerma.

2. Setzen Sie das eingeklammerte Verb in eine flektierte Form des **ma**-Infinitivs:

Ma tulin (ujuma) alles hilja õhtul.	Ma tulin ujumast alles hilja õhtul.
Me oleme praegu (sööma).	Me oleme praegu söömas.
Olin (lugema), kui sa tulid.	Olin lugemas, kui sa tulid.
Keelan sul seda (tegema).	Keelan sul seda tegemast.
Käisime filmi (vaatama).	Käisime filmi vaatamas.
Miks nad keelduvad (tantsima)?	Miks nad keelduvad tantsimast?
Nad tulid (kutsuma).	Nad tulid kutsumata.
Kas sa unustasid selle (tegema)?	Kas sa unustasid selle tegemata?
Nad jäid (istuma).	Nad jäid istuma.

Lapsed on õues (mängima).   Lapsed on õues mängimas.

3. Formulieren Sie den mit **et** beginnenden Satz in eine Satzentsprechung um:

Jooksen, et kiiremini koju tulla.   Jooksen tulemaks kiiremini koju.
Katkestasin söömise, et telefonile   Katkestasin söömise telefonile vas-
vastata.   tamiseks.
Annan sulle selle raamatu, et loeksid   Annan sulle selle raamatu läbi luge-
läbi.   miseks.
Ta tõusis, et paremini näha.   Ta tõusis paremini nägemaks.
Ta tuli, et seda täpsemalt uurida.   Ta tuli seda täpsemalt uurimiseks.

4. Setzen Sie die folgenden Sätze ins Perfekt:

Kui ma seda teaksin...   Kui ma oleksin seda teadnud...
Selle raamatu ostaksin küll.   Selle raamatu oleksin küll ostnud.
Kas sa saaksid õhtul tulla?   Kas sa oleksid saanud õhtul tulla?
Nad teeksid seda heameelega.   Nad oleksid seda heameelega teinud.
Kodus vaataksin seda filmi.   Kodus oleksin seda filmi vaadanud.
Ma ootaksin veel.   Ma oleksin veel oodanud.
Sa võiksid kohe vastata.   Sa oleksid võinud kohe vastata.
Seda ma küll ei sööks.   Seda ma küll poleks söönud.
Kas te käiksite teatris?   Kas te oleksite teatris käinud?
Tema ei küsiks seda.   Tema poleks seda küsinud.

5. Verbinden Sie die beiden Sätze zu einem Satzgefüge mit Relativsatz:

See maja on suur. - See ehitati   See maja, mis ehitati möödunud aas-
möödunud aastal.   tal, on suur.
See on raamat. - Ma armastan seda.   See on raamat, mida ma armastan.
Siin on Mart. - Temalt saan veel raha.   Siin on Mart, kellelt ma veel raha
                                          saan.

Seal on Virve. - Talle pean veel   Seal on Virve, kellele pean veel vas-
vastama.   tama.
See on Epp. - Tema isa on surnud.   See on Epp, kelle isa on surnud.
See on probleem. - Sellest sõltub kõik.   See on probleem, millest kõik sõltub.
See on lehm. - Sellega mängis mu õde.   See on lehm, kellega mu õde mängis.
Homme tuleb Mati. - Ta on minu   Homme tuleb Mati, kes on minu sõ-
sõber.   ber.
Ta on hea inimene. - Ilma temata ei   Ta on hea inimene, ilma kelleta ma
saa ma elada.   ei saa elada.
Tunnen palju inimesi. - Neil on raha.   Tunnen palju inimesi, kellel on raha.

See on mu tädi. - Temalt sain jalgratta.

Too maja on ilus. - Ma nägin seda Tartus.

Seal elavad minu vanemad. - Kirjutan nendele tihti.

Nad on minu sõbrad. - Saan nendega hästi läbi.

See on kummaline asi. - Ma ei saa sellest aru.

See on mu tädi, kellelt sain jalgratta.

Too maja, mida ma Tartus nägin, on ilus.

Seal elavad minu vanemad, kellele tihti kirjutan.

Nad on minu sõbrad, kellega saan hästi läbi.

See on kummaline asi, millest ma ei saa aru.

6. Lösen Sie den Relativsatz mit einem Partizip auf:

Siin istub inimene, kes palju kirjutab.

Seal seisab maja, mida väga armastatakse.

Nad on inimesed, kes kõike loevad.

See on karu, kes jookseb koju.

Armastan inimesi, kes laulavad.

Leidsin raamatu, mis oli kadunud.

Kuulan teksti, mida loetakse ette.

Kus on inimesed, kes räägivad eesti keelt?

Nad on inimesed, kes on kõike lugenud.

Ta on minu vend, kes elab Tartus.

Siin istub palju kirjutav inimene.

Seal seisab väga armastatud maja.

Nad on kõike lugevad inimesed.

See on koju jooksev karu.

Armastan laulvaid inimesi.

Leidsin kadunud raamatu.

Kuulan etteloetavat teksti.

Kus on eesti keelt rääkivad inimesed?

Nad on kõike lugenud inimesed.

Ta on minu Tartus elav vend.

LEKTION 18

Grammatik

GWE: Impersonal, Quotativ, Reziprokpronomen, Satzentsprechung

Quotativ

In dieser Form wird über eine Handlung oder einen Zustand berichtet, wenn die Informationen darüber indirekt oder unklar sind. Er findet häufig in der indirekten Rede Verwendung und kann im Deutschen mit dem Konjunktiv, mit dem Verb 'sollen' oder mit Zusätzen wie 'angeblich', 'möglicherweise' o.ä. übersetzt werden. In der gesprochenen Sprache wird er relativ selten benutzt, er kommt in der Schriftsprache vor und häufig bei Legenden, Anekdoten und Sagen. Er tritt in zwei Tempora auf, Präsens und Perfekt. Im Präsens ist sein Suffix **-vat** für alle Personen, das das **-ma** des **ma**-Infinitivs ersetzt. Daher steht er immer in der starken Stufe. Durch den Fortfall der Personalendungen ist der Gebrauch der Personalpronomina verpflichtend:

lugema, lugeda, loen	lesen:
ma lugevat	ich lese angeblich; man sagt, daß ich lese
sa lugevat	du liest angeblich
ta lugevat	sie/er liest angeblich
me lugevat	wir lesen angeblich
te lugevat	ihr lest angeblich, Sie lesen angeblich
nad lugevat	sie lesen angeblich

Im *Perfekt* wird dem **nud**-Partizip die Präsensform des Quotativs des Hilfsverbs (**olema**) vorangestellt:

ma olevat lugenud	ich habe angeblich gelesen
sa olevat lugenud	du hast angeblich gelesen
ta olevat lugenud	sie/er hat angeblich gelesen
me olevat lugenud	wir haben angeblich gelesen
te olevat lugenud	ihr habt angeblich gelesen
nad olevat lugenud	sie haben angeblich gelesen

Die Verneinung erfolgt durch die Einfügung der Partikel **ei** zwischen Personalpronomen und Verb. Es treten keine weiteren Veränderungen auf:

ma ei lugevat	ich lese angeblich nicht
ma ei olevat lugenud	ich habe angeblich nicht gelesen

Text

- Asta, kas sina said aru, mida Virve tahtis? Ajalehes olevat mingisugune huvitav artikkel, midagi olevat juhtunud, aga kus ja millal ja kuidas, pole mul aimugi.
- Ega see nii tähtis olnudki, las Virve lobiseb. Mina olen terve lehe algusest lõpuni läbi lugenud ja võin sulle kinnitada, et sa pole millestki ilma jäänud, kui sul tänane leht lugemata jäi. Tahad, et ma sulle lühidalt kokku võtan?
- Ma kuulan heameelega.
- Niisiis: järgmise kuu alguseks tõusvat uuesti kirjamarkide hinnad, meie peaminister külastavat praegu Soomet, meie president sõitvat ülehomme puhkusele, eile olevat sadamasse saabunud viissada reisijat, möödunud aastal olevat sündinud rohkem lapsi kui kunagi varem, eile olevat võetud kinni kaua otsitud raamatuvaras, ilm minevat täna ja homme eriti tuuliseks ning jahedaks ja homme algavat mingi teaduslik konverents. See ongi kõik.
- Aga loe viimane lehekülg ka, seal on mõnikord hästi naljakaid uudiseid.
- Tallinnas elavat maailma kõige vanem jääkaru. Samal ajal olevat ta ka kõige suurem või pikem, sest kui ta püsti tõuseb, olevat ta kolm meetrit pikk. – Huvitav, kes seda looma on mõõtmas käinud, mina küll ei julgeks.
- Palju huvitavam on, kas see uudis on ka teistes maailma ajalehtedes. Sest kas panid tähele: seal pole öeldud, et see loom elaks loomaaias, välismaal usuvad nüüd inimesed, et siin jalutavad jääkarud tänavatel, inimesed on alles hiljuti puude otsast alla tulnud, söövad toorest liha ning joovad kanget viina.
- Seda viimast nad muide teevadki, kas sa pole veel tähele pannud!?

- Niisiis, teiste sõnadega: midagi erilist ajalehes küll polnud. Ma tahaks teada, mis Virvel mõttes oli. Kui helistaks talle uuesti?
- Milleks?
- Et tulgu ta otsekohe siia ja seletagu meile, miks ta telefonis nii imelikult rääkis.
- Ma kahtlen, kas see oleks eriti mõttekas. Rääkimata sellest, et see poleks ka eriti viisakas: ütelda, et olgu tunni aja pärast siin ja andku oma tagamõtetest aru. Pealegi oleme omavahel viimasel ajal väga hästi läbi saanud, milleks siis seda head suhet ära rikkuda?
- Ära seda nii tõsiselt võta! Kui lihtsalt saaks kokku, jooks kohvi ja sööks kooki ning lobiseks natuke. See ei pruugi ju veel tähendada, nagu annaksime üksteisele aru või päriksime järele, mida ta õieti mõtles. Pole mõtet kohe suhete rikkumisest rääkima hakata.
- Aga Virve pidavat väga kergesti solvuma.
- Kelle käest sa seda oled kuulnud?
- Mati olevat seda mitu korda kogenud või pidanud kogema. See polevat eriti kaunis kogemus, nagu ta ütles.
- Kas tema solvab siis teda regulaarselt?
- Eks kõik ole suhteline, ma ei tea ju täpselt. Epp rääkis, et Mati solvavat teda,

tähendab Virvet, väga sageli, Mati jälle väidab, et Epp valetavat kogu aeg, kusjuures Piret teab, et Matil olevat midagi Epuga.
- Mida midagi?
- No midagi, mis inimeste vahel ette tuleb, millest väidetakse, et algul olevat ilusad silmad ja lõpuks niisked linad. Või algul niisked linad, pärast niisked silmad – see on ainult tõlgendamise küsimus! Oleneb vaatevinklist.
- Kes selle on välja mõelnud? Ma pole seda kunagi kuulnud!

- Ah, ükskõik, mul tekkis hoopis teine küsimus: kas oled üldse kindel, et meil on sama ajaleht mis neil? Võib-olla peaks asjade klaarimiseks ajalehti vahetama.
- Ei, ma tean, mis me teeme. Nüüd hirmutame nad päriselt ära. Ulata mulle, palun, telefon, mis number neil on?
- Viis-viis-kaheksa, üks-kuus-null.
- Nii, viis, viis, kaheksa, üks, kuus, null.
- Mida sa ometi teha tahad? Ole ettevaatlik, ära liialda!
- Ära karda, ega ma lollusi ei tee. Oota, Mati juba vastab.

- Mati Kapp, tere päevast.
- Tere, Mati, Arvo siin, kuidas elad?
- Hästi, tänan küsimast, kuidas ise elad?
- Pole viga, kaebamiseks pole vähimatki põhjust. Aga kuule, üks küsimus, kas sa tänast lehte oled lugenud?
- Olen küll, miks sa küsid?
- Küsin sellepärast, et sa elad Õismäel. Ning seal on teatavasti Tallinna loomaaed, kus on maailma üks suurimaid jääkarusid. Tähendab...
- Miks sa arvad, et mind jääkarud huvitavad?
- Oota ometi, ma ju tahtsingi ütelda, et mainitud jääkaru *oli* seal loomaaias. Enam teda pole seal, ta põgenes üleeile öösel.
- Väga huvitav, kuid mis seos on sel meiega?
- Tahad, ma loen sulle ette, mis meie lehes seisab, seda võib-olla polegi teie omas: „Jääkaru kadunud. Tallinna loomaaia suurim jääkaru on öösel nähtavasti põgenenud. Seda ütles loomaaia ametnik eile hommikul, kui kuulus karu hommikul kadunud oli. 'Puuri ust avades, et loomale süüa anda, tundsin kohe, et miski on muutunud. Puuri põhjalikumalt läbi otsides oligi selge, et karu on kadunud', seletab loomaaia valvur. Kohe alanud otsingud ei ole siiamaani tulemusi andnud, mistõttu trükime siinkohas ära politsei ametliku hoiatuse: 'Tänavatel karu nähes ärge karjuge, vaid helistage otsekohe politseisse. Kui karu kallale tuleb, ärge suruge teda nurka! Püsige vait ja oodake ära – tavaliselt tahab karu ainult mängida. Kui...'"
- Oota, kuule, ma pean...
- Hahaha, ära nüüd...
- Ei, päris tõesti, lapsed on õues, ma...

- Mati! Ära nüüd usu, et...
- Ei, aitab küll, pean lõpetama. Nägemist!

Glossar

Verben

aru andma	berichten, Bericht erstatten
hirmutama, hirmutada, hirmutan	erschrecken, einen Schrecken einjagen, verscheuchen
ilma jääma	etwas verlieren, einer Sache verlustig gehen, verpassen, leer ausgehen
kaebama, kaevata, kaeban	klagen, jammern, sich beklagen, verklagen, denunzieren
kallale tulema	angreifen
klaarima, klaarida, klaarin	klären, aufklären, erklären
kogema, kogeda, kogen	erfahren, mitmachen, erleben
kokku võtma	zusammenfassen
liialdama, liialdada, liialdan	übertreiben, aufbauschen
läbi saama, saada, saan	miteinander auskommen, durchkommen, (ein Examen) bestehen,
mõõtma, mõõta, mõõdan	messen, abmessen
olenema, oleneda, olenen	abhängen, abhängig sein
pruukima, pruukida, pruugin	brauchen, gebrauchen, benutzen
põgenema, põgeneda, põgenen	fliehen, flüchten
pärima, pärida, pärin	nachforschen, ausfragen; erben
püsima, püsida, püsin	bleiben, dauern, sich halten
solvama, solvata, solvan	verletzen, beleidigen, kränken
solvuma, solvuda, solvun	getroffen werden, beleidigt sein, verletzt sein
suruma, suruda, surun	drücken, pressen, bedrücken
trükkima, trükkida, trükin	drucken
tõlgendama, tõlgendada, tõlgendan	interpretieren, deuten, erklären
ulatama, ulatada, ulatan	reichen, herüberreichen, ausstrecken
vahetama, vahetada, vahetan	wechseln, tauschen, auswechseln
valetama, valetada, valetan	lügen
väitma, väita, väidan	behaupten

Substantive, Namen

artikkel, artikli, artiklit, artikleid	Artikel, Aufsatz
hoiatus, hoiatuse, hoiatust, hoiatusi	Warnung
jää, jää, jääd, jäid	Eis
jääkaru, -karu, -karu, -karusid	Eisbär
kirjamark, -margi, -marki, -marke	Briefmarke
konverents, -rentsi, -rentsi, -rentse	Konferenz
kook, koogi, kooki, kooke	Kuchen, Torte

lehekülg, -külje, -külge, -külgi	Seite
lina, lina, lina, linasid	Laken, Tuch, Flachs
lollus, lolluse, lollust, lollusi	Dummheit
loomaaed, -aia, -aeda, -aedu	Tiergarten, Zoo
otsing, otsingu, otsingut, otsinguid	Durchsuchung, Suche, Nachforschung
peaminister, -stri, -strit, -treid	Ministerpräsident/in, Premierminister/in
president, -dendi, -denti, -dente	Präsident/in
puhkus, puhkuse, puhkust, puhkusi	Urlaub
puur, puuri, puuri, puure	Käfig
Soome, Soome, Soomet	Finnland
tagamõte, -mõtte, -mõtet, -mõtteid	Hintergedanke
vaatevinkel, -vinkli, -vinklit, -vinkleid	Blickwinkel, Gesichtswinkel
valvur, valvuri, valvurit, valvureid	Wächter/in, Aufseher/in
välismaa, välismaa, välismaad, välismaid	Ausland
Õismäe, -mäe, -mäed	(Tallinner Stadtteil)

Adjektive

ametlik, -liku, -likku, -likke	amtlich, offiziell
ettevaatlik, -liku, -likku, -likke	vorsichtig, achtsam
niiske, niiske, niisket, niiskeid	feucht
regulaarne, -laarse, -laarset, -laarseid	regulär, regelmäßig
suhteline, suhtelise, suhtelist, suhtelisi	relativ
teaduslik, -liku, -likku, -likke	wissenschaftlich
toores, toore, toorest, tooreid	roh, unreif
tuuline, tuulise, tuulist, tuuliseid	windig
tõsine, tõsise, tõsist, tõsiseid	ernst, ernsthaft, streng

Kleine Wörter

hiljuti	kürzlich
lühidalt	kurz, knapp
mistõttu	weswegen
nähtavasti	anscheinend, offenbar
omavahel	miteinander, untereinander
otsast	von...herab
otsekohe	direkt
päriselt	ganz und gar
püsti	aufrecht, auf-
siinkohas	anbei, hiermit, hierbei
teatavasti	bekanntlich
teineteise, teineteist	gegenseitig (bei zweien)
vait	still, ruhig
öösel	nachts, des Nachts
üksteise, üksteist	gegenseitig (bei mehreren)

Übungen

1. Setzen Sie das Verb in den Quotativ:

Ma olen väga haige.	Ma olevat väga haige.
Nad tulevad homme koju.	Nad tulevat homme koju.
Ta pole soomlane.	Ta polevat soomlane.
Ta sööb ainult õunu.	Ta söövat ainult õunu.
Ta on terve õhtu kodus olnud.	Ta olevat terve õhtu kodus olnud.
Sa lähed Helsingisse.	Sa minevat Helsingisse.
Me oleme eestlased.	Me olevat eestlased.
Ma ei tea seda täpselt.	Ma ei teadvat seda täpselt.
Nad on seda kõike teadnud.	Nad olevat seda kõike teadnud.
Tema kirjutab väga palju.	Tema kirjutavat väga palju.
See on olnud maailma suurim jääkaru.	See olevat olnud maailma suurim jääkaru.
Nad hakkavad tantsima.	Nad hakkavat tantsima.
Ma ei saa eesti keelest aru.	Ma ei saavat eesti keelest aru.
Epp armastab Matit.	Epp armastavat Matit.
Nemad ei sõida bussiga.	Nemad ei sõitvat bussiga.

2. Lösen Sie die Satzentsprechung (bzw. Partizipialkonstruktion) in einen Nebensatz (bzw. Relativsatz) auf:

Ta tõusis püsti nägemaks paremini.	Ta tõusis püsti, et paremini näha.
See on koju jooksev karu.	See on karu, kes jookseb koju.
Koju tulnud, avas ta akna.	Kui ta oli koju tulnud, avas ta akna.
Seal seisab väga armastatud maja.	Seal seisab maja, mida väga armastatakse.
Koju tulles rääkisin kogu aeg.	Kui ma koju tulin, rääkisin kogu aeg.
Siin istub palju kirjutav inimene.	Siin istub inimene, kes palju kirjutab.
Ust avades nägi ta karu.	Kui ta ust avas, nägi ta karu.
Armastan laulvaid inimesi.	Armastan inimesi, kes laulavad.
Ta on minu Tartus elav vend.	Ta on minu vend, kes elab Tartus.
Süües kasvab isu.	Kui süüakse, kasvab isu.
Kuulan etteloetavat teksti.	Kuulan teksti, mida ette loetakse.
Koju sõites kuulasime muusikat.	Kui sõitsime koju, kuulasime muusikat.
Ära minnes sa unustasid oma passi.	Sa unustasid oma passi, kui sa ära läksid.

Kus on saksa keelt rääkivad inimesed?	Kus on inimesed, kes räägivad saksa keelt?
Leidsin kadunud raamatu.	Leidsin raamatu, mis oli kadunud.
Seda nähes sain kohe aru.	Kui ma seda nägin, sain kohe aru.
Seda näinud, helistasin ma kohe Epule.	Kui olin seda näinud, helistasin ma kohe Epule.
Töö tehtud, läksime koju.	Kui töö oli tehtud, läksime koju.
Ta on minu armastatud naine.	Ta on naine, keda mina armastan.

3. Setzen Sie die korrekte Form des Reziprokpronomens (**teineteise** bzw. **üksteise**) ein:

Me kõik saame _____ hästi läbi.	Me kõik saame üksteisega hästi läbi.
Mart ja Epp ei mõista _____.	Mart ja Epp ei mõista teineteist.
Nad armastavad _____.	Nad armastavad teineteist.
Ema ja isa said _____ lilled.	Ema ja isa said teineteiselt lilled.
Viis poissi kohtusid _____.	Viis poissi kohtusid üksteisega.
Mati ja Virve ei teadnud midagi _____.	Mati ja Virve ei teadnud midagi teineteisest.
Kas te saate _____ üldse aru?	Kas te saate üksteisest üldse aru?
Nad keelasid _____ midagi küsida.	Nad keelasid üksteiselt midagi küsida.
Mu vanemad ei osta _____ enam midagi.	Mu vanemad ei osta teineteisele enam midagi.

4. Verfassen Sie eine kurze Zeitungsnachricht!

LEKTION 19

Grammatik

GWE: Determinativpronomen, Reflexives Verb, Reflexivpronomen

Reflexivpronomen

Das rückbezügliche Fürwort **ise** 'selbst' wird benutzt, wenn sich die Handlung auf das Subjekt selbst bezieht. Es hat für alle drei Personen die gleiche Form und in fast jedem Kasus zwei Parallelformen, wobei die kürzere (**enda** etc.) meist vorgezogen wird:

	sg	*pl*
nom	**ise**	**ise**
gen	**enda/enese**	**endi/eneste**
par	**end/ennast**	**endid**
ill	**endasse/enesesse**	**endisse/enestesse**
ine	**endas/eneses**	**endis/enestes**
ela	**endast/enesest**	**endist/enestest**
all	**endale/enesele**	**endile/enestele**
ade	**endal/enesel**	**endil/enestel**
abl	**endalt/eneselt**	**endilt/enestelt**
tra	**endaks/eneseks**	**endiks/enesteks**
ter	**endani/eneseni**	**endini/enesteni**
ess	**endana/enesena**	**endina/enestena**
abe	**endata/eneseta**	**endita/enesteta**
kom	**endaga/enesega**	**endiga/enestega**

Zur Verstärkung und besonderen Betonung kann der flektierten Form noch einmal das **ise** vorangestellt werden:

enesele = endale = iseenesele = iseendale

Im Plural kann die Singular- und die Pluralform verwendet werden:

Ostsime endale raamatud = ostsime endile raamatud
Wir kauften uns die Bücher.

Text

- Epp, kas sa võiksid mind aidata?
- Milles?
- Pean oma eluloo kirjutama.
- Kellele?
- Ma vahetasin töökohta, ja uus ülemus tahab minu elulooga tutvuda. Kas ma loen sulle ette?
- Noh, lase käia, see huvitab mind ka!
- Niisiis: „Olen sündinud Viljandis ning läksin kooli aastal tuhat üheksasada kaheksakümmend. Pärast...“
- Miks nii hilja?
- Kuidas nii hilja? Ma olin siis ju kuueaastane.
- Siis peaksid sa sünniaasta ka ära mainima!
- Õigus! Katsun siis uuesti: „Olen sündinud Viljandis kuuendal augustil tuhande üheksasaja seitsmekümne neljandal aastal. Aastal tuhat üheksasada kaheksakümmend läksin Viljandis algkooli. Pärast läksin Tartusse, kus käisin keskkoolis kuni aastani tuhat üheksasada üheksakümmend üks. Pärast seda oleksin pidanud sõjaväes teenima, kuid seda ma ei tahtnud. Sellepärast...“
- Kellele see korda läheb? Ära seda niiviisi ütle, jäta lihtsalt mainimata. Kui uus šeff huvitub sinu minevikust ja sellest, kas oled teeninud või mitte, las ta siis küsib. Aga kuna sa nagunii ei tea, kuidas keegi sellesse suhtub, pole seda infot esialgu üldse vaja.
- Aga ma ei suuda seda ju maha salata!
- Miks mitte?! Mainimata jätmine pole mahasalgamine. Sa lihtsalt ei käinud. Punkt. Hoopis iseküsimus on, kas sa peitsid end ära või keeldusid minemast või olid haige...
- Hästi. Edasi. „Pärast keskkooli lõpetamist astusin ülikooli, kus hakkasin filoloogiat õppima. Teisel semestril tutvusin ühe ülikoolikaaslasega, kellesse sedamaid armusin ning...“
- Tohoh! Kas arvad, et sinu ülemus tahab seda lugeda? Sinu artikkel, tähendab sinu kirja pandud elulugu kannatab praegu tõesti liigse täpsuse all. Pole ju vaja kõike üles loetleda!
- Oota! See, et ma tookord armusin, on ju edaspidi määranud kogu mu elu. Tal oli minu üle nii suur mõjuvõim, et tegin kõike, mida ta tahtis. Mina ise poleks nii täpselt teadnud, mida teha. Tema aga ütles nii ja naa, ja ma lasin end ümber veenda. Temata poleks ma siia sattunudki, istuksin nüüdki veel Tartus või ma ei tea kus.
- Kuule, see võib küll niiviisi olla, et kellelgi on sinu üle suur mõjuvõim, eks igalühel ole selliseid inimesi olnud, aga ma ei kirjutaks seda. Sest lõppude lõpuks on tähtis, mida sa ise tegid ja saavutasid – sõltumata sellest, kes nende mõtete taga seisab. Sa pead rohkem oma häid külgi näitama, mitte oma nõrkusi.

Näiteks ei tuleks kirjutada „Ma olen elus palju raskusi kannatanud", vaid peaks kirjutama „Ma olen elus palju erinevaid kogemusi läbi teinud". Kas see ei kõla palju paremini?

- Kõlab küll, aga ma küsin endalt, kas see on aus.
- See on tegelikult väga hea ja õige küsimus, kuid sama õigustatult võiks küsida, kui aus peab olema, kui sa elulugu kirjutad. Selge see, et lausa valetamine ei tule kõne alla, aga kus on mahasalgamise ja valetamise piir? Kas sina oskaksid seda öelda? Mina igatahes mitte, aga mul on tunne, nagu ei kuuluks armumise kogemused praeguses seoses esimeste mainitavate asjade hulka.
- Aga millises seoses siis? Kas armastus pole kõige tähtsam asi maailmas?
- On küll, aga palun räägime nüüd sinu eluloost – mitte armastusest!
- Loll! See on ju üks ja sama asi!
- Issand jumal! Ma tean seda, aga mõtle nüüd ometi oma šefi ja töökoha ja elukutse peale! Ma kahtlen, kas sinu firma tahab kõigepealt sinu isikliku eluga tutvuda. Ma arvan siiski, et sind võeti tööle tõlkijaks – mitte armastajaks!
- Olgu peale, ma loobun. Jätkan niisiis: „Teisel semestril tutvusin ühe poisiga, kes mängis jalgpalli. Ise hakkasin jalgpalli mängima..."
- Mis sul nüüd tuli? Kas spordi tegemine on asi, mis kedagi huvitaks?
- Ma ei tea, aga parem rääkida spordist kui poliitikast, sest poliitika valdkond on liiga ohtlik.
- Kulla inimene, sa ei pruugi siin millestki rääkida või lobiseda, sa peaksid oma eluloo paberile panema! Kas sa tead, mis see tähendab?
- Kurat, tean küll, aga millest ma siis kirjutan? Armastusest ei tohi kirjutada, spordist ja poliitikast ka mitte! Mis siis veel üle jääb? Kas peaksin ilmast lobisema? Näiteks: „Kui ma sündisin, oli kõva äike." Kas see on parem? Või hoopis: „Minu ülikoolis käimise ajal sadas väga vähe lund." Ei, ma ei oska, ma loobun. Küllap nad tutvuvad minuga niikuinii, kas elulooga või eluloota!
- Oota, mulle tuli üks hea idee: mina võiksin sind ju nendega – või neid sinuga, kuidas võtta – tutvustada! Ma kirjutan sinu asemel sinu eluloo. Kas sobib?
- Ei sobi! See ju tähendaks, et mina ise oleksin eluloo kirjutamiseks liiga rumal! Ja sina kirjutaksid nagu arst: „Minu patsient on peast pisut nõrk, ta ise ei oska hästi kirjutada, sellepärast seletan mina teile, missugune ta on..." Ei tule kõne alla, anna paber minu kätte, mina, ainult mina ise kirjutan!
- Vabandust, see oli ju ainult ettepanek, ma ei tahtnud sind solvata...
- Ära vabanda, lase parem jalga!
- Olgu, olgu, ma juba lähen.

Glossar

Verben

armuma, armuda, armun   sich verlieben
huvituma, huvituda, huvitun   sich für etwas interessieren

kannatama, kannatada, kannatan	erleiden, erdulden, aushalten
korda minema	angehen, berühren; gelingen, glücken
loetlema, loetleda, loetlen	aufzählen, verzeichnen, auflisten
määrama, määrata, määran	bestimmen, definieren, festlegen
peitma, peita, peidan	bedecken, verstecken, verhüllen
saavutama, saavutada, saavutan	erreichen, bewirken
salgama, salata, salgan	leugnen, verheimlichen
suhtuma, suhtuda, suhtun	sich verhalten, zu etwas eingestellt sein, sich beziehen
teenima, teenida, teenin	dienen; verdienen
tutvuma, tutvuda, tutvun	bekannt werden, sich bekannt machen, kennenlernen
tutvustama, tutvustada, tutvustan	bekanntmachen
vabandama, vabandada, vabandan	(sich) entschuldigen
õigustama, õigustada, õigustan	rechtfertigen

Substantive, Namen

algkool, -kooli, -kooli, -koole	Grundschule
elukutse, elukutse, elukutset, elukutseid	Beruf
elulugu, eluloo, elulugu, elulugusid	Lebenslauf
ettepanek, -paneku, -panekut, -panekuid	Vorschlag
filoloogia, filoloogia, filoloogiat	Philologie
info, info, infot, infosid	Information
jalgpall, -palli, -palli, -palle	Fußball
kaaslane, kaaslase, kaaslast, kaaslasi	Kolleg/in/e, Begleiter/in, Freund/in, Gefährt/in/e
keskkool, -kooli, -kooli, -koole	Mittelschule, Oberschule
minevik, mineviku, minevikku	Vergangenheit
mõjuvõim, -võimu, -võimu, -võime	Wirkung, Einfluß, Geltung
nõrkus, nõrkuse, nõrkust, nõrkusi	Schwäche
oht, ohu, ohtu, ohte	Gefahr
pall, palli, palli, palle	Ball
patsient, patsiendi, patsienti, patsiente	Patient/in
poliitika, poliitika, poliitikat, poliitikaid	Politik
šeff, šefi, šeffi, šeffe	Chef/in
sport, spordi, sporti	Sport
sõjavägi, -väe, -väge, -vägesid	Armee, Heer, Militär
sünniaasta, -aasta, -aastat, -aastaid	Geburtsjahr
teade, teatme, teadet, teatmeid	Auskunft, Information
tõlkija, tõlkija, tõlkijat, tõlkijaid	Übersetzer/in
täpsus, täpsuse, täpsust, täpsusi	Genauigkeit, Präzision
töökoht, töökoha, töökohta, töökohti	Arbeitsplatz, -stelle
valdkond, -konna, -konda, -kondi	Bereich, Gebiet
äike(ne), äik(e)se, äikest, äikesi	Gewitter
ülemus, ülemuse, ülemust, ülemusi	Vorgesetzte/r

Adjektive

aus, ausa, ausat, ausaid	ehrlich
liigne, liigse, liigset, liigseid	überflüssig, übermäßig
ohtlik, ohtliku, ohtlikku, ohtlikke	gefährlich

Kleine Wörter

nii ja naa

so und so, dies und das, so und anders,
allerlei

sedamaid

sofort, umgehend, alsbald

tohoh

nanu, ohoh

Übungen

1. Setzen Sie eine korrekte Form des Reflexivpronomens (bzw. Determinativpronomens) ein:

Ostsin _____ viis raamatut.
Olen seda _____ mitu korda küsinud.

Ostsin endale viis raamatut.
Olen seda endalt mitu korda küsinud.

Kuidas sa _____ tunned?
Mul _____ pole aega.
Ta hakkas _____ tutvuma.
Nad küsisid seda ka _____ käest.

Kuidas sa ennast/end tunned?
Mul endal pole aega.
Ta hakkas endaga tutvuma.
Nad küsisid seda ka enda/enese
käest.

Talle _____ tundub, et see on hea.
Tõin selle pildi _____ kaasa.
Peame _____ pesema.
Võta _____ kokku!

Talle endale tundub, et see on hea.
Tõin selle pildi endaga kaasa.
Peame end pesema.
Võta ennast/end kokku!

2. Erzählen Sie einander Ihren Lebenslauf!

3. Schreiben Sie Ihren Lebenslauf!

LEKTION 20

Grammatik

GWE: Derivation, Präfix, Zusammensetzung

Derivation

Agglutinierende Sprachen, zu denen das Estnische gehört, sind dadurch gekennzeichnet, daß neue Wörter häufig durch Ableitung gebildet werden. Nach einiger Übung kann man somit selbständig auch bisher nicht gelernte Wörter bilden.

a) Suffixe zur Bildung von Substantiven:

-ur, -nik: zur Bildung von Berufsbezeichnungen (von einem Nomen):

kala	Fisch	→ **kalur**	Fischer/in
sõda	Krieg	→ **sõdur**	Soldat/in, Krieger/in
kiri	Schrift	→ **kirjanik**	Schriftsteller/in
kunst	Kunst	→ **kunstnik**	Künstler/in

-ja : zur Bildung von ausführenden Personen (von einem Verb):

lugema	lesen	→ **lugeja**	Leser/in
töötama	arbeiten	→ **töötaja**	Arbeiter/in
müüma	verkaufen	→ **müüja**	Verkäufer/in

-la: zur Bildung von Ortsbezeichnungen (von einem Nomen):

haige	krank	→ **haigla**	Krankenhaus
suvi	Sommer	→ **suvila**	Sommerhaus

-lane: zur Bezeichnung der Zugehörigkeit zu einer Gruppe oder einem Volk (von einem Nomen):

eesti	estnisch	→ **eestlane**	Este/Estin
sugu	Geschlecht	→ **sugulane**	Verwandte/r
Hamburg	Hamburg	→ **hamburglane**	Hamburger/in

-ke(ne): zur Bildung von Diminutiva (von einem Nomen):

ema	Mutter	→ **emake(ne)**	Mütterchen
lill	Blume	→ **lilleke(ne)**	Blümchen
poiss	Junge, Knabe	→ **poisike(ne)**	Knäblein, Kerlchen

b) Suffixe zur Bildung von Verben:

-u-: zur Bildung von reflexiven und intransitiven Verben:

kordama	wiederholen	→ **korduma**	sich wiederholen
tundma	etw. fühlen	→ **tunduma**	fühlbar sein, erscheinen

-ta-: zur Bildung von faktitiven (kausativen, verursachenden) Verben:

kaduma (kaon)	verschwinden	→ **kaotama**	verlieren

c) Suffixe zur Bildung von Adjektiven:

-ne: zur Bezeichnung materieller Beschaffenheit:

vesi	Wasser	→ **vesine**	wässerig
raud	Eisen	→ **raudne**	eisern
kivi	Stein	→ **kivine**	steinern; steinig

-line: zur Bezeichnung von Eigenschaft oder Zugehörigkeit:

keel	Sprache	→ **keeleline**	sprachlich
värv	Farbe	→ **värviline**	farbig

-lik: zur Bezeichnung wesenseigener Merkmale:

rahu	Ruhe, Frieden	→ **rahulik**	friedlich, still, ruhig
laps	Kind	→ **lapselik**	kindlich
optimist	Optimist	→ **optimistlik**	optimistisch

Zusammensetzung

Im Gegensatz zur Derivation, bei der an bestehende Wörter Suffixe angefügt werden, die meistens kein eigenständiges Wort sind, können auch zwei (oder mehrere) eigenständige Lexeme zu einem neuen Wort zusammengefügt werden:

rahvas 'Volk', gen **rahva** + **raamat** 'Buch' → **rahvaraamat** 'Volksbuch'
sügis 'Herbst' + **õhtu** 'Abend' → **sügisõhtu** 'Herbstabend'
elu 'Leben' + **tee** 'Weg' → **elutee** 'Lebensweg'
ime 'Wunder' + **ilus** 'schön → **imeilus** 'wunderschön'
hea 'gut' + **olu** 'Sein, Befinden' → **heaolu** 'Wohlsein, Wohlergehen'
ees 'vor' + **kiri** 'Schrift' → **eeskiri** 'Vorschrift'

Text

- Ants, palun ütle mulle, miks sa nii kannatamatu oled?
- Mina või? Kas ma olen tõesti nii väljakannatamatu?

- Ei, sa said valesti aru, ma mõtlesin kannatamatu kärsituse mõttes.
- Kuidas nii? Kas sina siis oled maailma kõige kannatlikum inimene?
- Ega ma seda öelnudki. Ka minule pole kannatamatus võõras asi, aga sulle paistab seevastu kannatlikkus täiesti tundmatu olevat! Sa kaotad väga ruttu kannatuse, kusjuures mina võin siiski natuke kannatada. Kas pole nii?
- Jäta see jutt, ma ei kannata seda enam välja!

- Piret, kas teadsid, et Mati on kirjastaja?
- Ei teadnud! Kas ta siis oskab nii hästi kirjutada? Ma mõtlesin, et ta on peaaegu kirjaoskamatu.
- Küllap ta kirjutada oskab, kuid kirjastamine on ju teine asi.
- Kas sa võiksid seda tegevust natuke täpsemalt kirjeldada? Kas see töö seisneb kirjade saatmises või milles?
- Eks kirjade saatmises ja saamises ka. Aga kõigepealt tegelevad kirjastajad ju kirjanduse ja kirjanikega. See on mõnikord päris kirju töö, kuigi nad istuvad kogu päeva kirjutuslaua taga, kirjutusmasinate klõbina saatel. Olen kord töötanud ühes suures kirjastuses raamatupidajana, tegin seal igasugust tööd, see oli uskumatu töö. Tõesti, seal oli kirjeldamatu segadus, aga nagu ma ütlesin: päris kirju ja iseenesestmõistetavalt vaheldusrikas töö!

- Ants, kas sa võid mulle teatada, kui televiisoris tuleb ilmateade? Tahaksin seda meelsasti vaadata.
- Võin küll, kui ma enne seda teadvust pole kaotanud.
- Kuidas? Kas sul on paha olla?
- Ei ole, aga teatavasti on uudised täis igasugust halba teavet, et hakkab lausa kõhe. Võib kergesti minestada.
- Aga sellest sa oled ju teadlik, see pole uus asi, see ei saaks enam teadvusetust põhjustada. Sina kui teadlane peaksid ju teadma...
- Jäta järele! Siin ei aita midagi, kas oled teadlane või teadur või ei tea kes. Teadlikkus ei tähenda veel tundetust!

- Kuidas teie enesetunne nüüd on? Kas tunnete ennast paremini?
- Kas teile siis tundus, et ma ei tundnudki ennast hästi?
- Teil oli äsja küll minestamise tundemärgid, seda peate tunnistama.
- Tunnistangi ja samuti tunnustan, et te mulle nii sügavalt kaasa tundsite. Kaastunne on väga hea omadus, tundlikke inimesi on maailmas väga vähe, sellepärast hindan teie tundlikkust kõrgelt. Inimeste mõistmine ja tunnetamine pole sugugi lihtne.
- Mul läheb see asi siiski korda, olen inimeste tundja, kuigi sel alal on väga raske asjatundja olla. Kui sa pole päris tundetu inimene, pole sul inimeste enesetundeküsimused enam päris tundmatud.
- Aga kui teie ees seisab päris tundmatu?
- Isikud võivad ju tundmatud olla, aga kui üldised tundemärgid on teada, tunned

kõik kohe ära! Tunnetusprotsess on siis...
- Oodake, nüüd läheb asi liiga filosoofiliseks. Kuidas oli teie nimi?
- Tunne Sepp.
- Kuidas??!
- Tunne... Oh, nüüd ta minestas siiski.

- See oli nüüd ebameeldiv üllatus.
- Miks?
- Selguse asemel valitseb nüüd täielik ebaselgus. See jutt jäi kuidagi uduseks ja ebamääraseks. See filosoof hakkas nii kõvasti filosofeerima, et mul on nüüd hoopis ebakindel tunne. Sest päris tundetu ma ju ka ei ole, tema aga väitis, et ta nimi olevat Tunne ja et ta tunnetavat kõiki inimesi.
- Aga see ta nimi ongi!
- See pole ju võimalik.
- On küll. Teie ebaõnn on ainult see, et te polnud sellest teadlik.
- Minu ebaõnn? No kuulge, kuidas ma võin kõigi inimeste nimesid teada? Muuseas, kuidas on Teie nimi?
- Õnne Raid.
- Kuidas??!
- Õnne Raid, kas see on nii imelik? Vist on, sest jälle ta minestas...

- Ants, kuule, Antsukene, halloo, tule nüüd kaasa, me läheme ära, aitab küll. Sa oled üsna haige, sul oli täna oma küsimustega liiga suur ebaedu.
- Kas mul on siis kunagi olnud mingit edu?
- On küll, üldiselt läheb ju kõik hästi, aga täna sattusid mitmed asjaolud kokku: halb enesetunne, võõrad inimesed ja lõpuks veel need ebatavalised eesnimed. See on ju liig!
- Ma tunnistan üles, see oli liig ning ma oleksin enesestmõistetavalt pidanud varem lõpetama. Sul on õigus. Lähme nüüd, head aega!
- Head aega, kõike head ja nägemist.
- Hüvasti. Ütleksin meelsamini hüvasti...

Glossar

Verben

kaasa tundma, tunda, tunnen	mitfühlen, nachempfinden
kirjastama, kirjastada, kirjastan	verlegen (von Büchern etc.)
kirjeldama, kirjeldada, kirjeldan	beschreiben
minestama, minestada, minestan	ohnmächtig werden
põhjustama, põhjustada, põhjustan	verursachen, hervorrufen
tunnetama, tunnetada, tunnetan	erkennen, begreifen
tunnustama, tunnustada, tunnustan	anerkennen
välja kannatama	aushalten, ertragen

Substantive, Namen

asjatundja, -tundja, -tundjat, -tundjaid	Sachkenner/in, Sachverständige/r
ebaedu, -edu, -edu, -edusid	Mißerfolg
ebaselgus, -selguse, -selgust, -selgusi	Unklarheit
ebaõnn, -õnne, -õnne, -õnnesid	Unglück, Pech, Mißgeschick
eesnimi, -nime, -nime, -nimesid	Vorname
enesetunne, -tunde, -tunnet, -tundeid	Befinden, Gefühl, Stimmung
filosoof, filosoofi, filosoofi, filosoofe	Philosoph/in
ilmateade, -teate, -teadet, -teateid	Wetterbericht
kaastunne, -tunde, -tunnet, -tundeid	Mitgefühl
kannatamatus, -matuse, -matust, -matusi	Ungeduld
kannatlikkus, -likkuse, -likkust, -likkusi	Geduld, Duldsamkeit
kannatus, -tuse, -tust, -tusi	Geduld, Leiden
kirjaoskamatu, -matu, -matut, -matuid	Analphabet/in
kirjastaja, -taja, -tajat, -tajaid	Verleger/in
kirjastus, -tuse, -tust, -tusi	Verlag
kirjutuslaud, -laua, -lauda, -laudu	Schreibtisch
kirjutusmasin, -sina, -sinat, -sinaid	Schreibmaschine
klõbin, klõbina, klõbinat, klõbinaid	Geklapper, Krach
kärsitus, kärsituse, kärsitust, kärsitusi	Ungeduld
raamatupidaja, -pidaja, -pidajat, -pidajaid	Buchhalter/in
selgus, selguse, selgust, selgusi	Klarheit
teadlane, -lase, -last, -lasi	Wissenschaftler/in
teadlikkus, -likkuse, -likkust, -likkusi	Wissen, Gewißheit, Bewußtsein
teadur, teaduri, teadurit, teadureid	Wissenschaftler/in, wissenschaftliche/r Angestellte/r
teadvus, teadvuse, teadvust, teadvusi	Bewußtsein, Besinnung
teadvusetus, -tuse, -tust, -tusi	Bewußtlosigkeit
teave, teabe, teavet, teabeid	Information
tundetus, tundetuse, tundetust, tundetusi	Gefühllosigkeit, Unempfindlichkeit
tundja, tundja, tundjat, tundjaid	Kenner/in
tundlikkus, -likkuse, -likkust, -likkusi	Empfindlichkeit
tundmatu, -matu, -matut, -matuid	Unbekannte/r, Fremde/r
Tunne, Tunne, Tunnet	(seltener männl. Vorname)
tunnetus, tunnetuse, tunnetust, tunnetusi	Erkenntnis
tunnetusprotsess, -sessi, -sessi, -sesse	Erkenntnisprozeß
tunnus, tunnuse, tunnust, tunnuseid	Kennzeichen, Symptom
Õnne, Õnne, Õnnet	(seltener weibl. Vorname)

Adjektive

ebakindel, -kindla, -kindlat, -kindlaid	unsicher
ebameeldiv, -diva, -divat, -divaid	unangenehm
ebamäärane, -rase, -rast, -raseid	unbestimmt, undeutlich
ebatavaline, -lise, -list, -lisi	ungewöhnlich
filosoofiline, -lise, -list, -lisi	philosophisch

iseenesestmõistetav, -tava, -tavat, -tavaid	selbstverständlich
kannatamatu, -matu, -matut, -matuid	ungeduldig
kannatlik, -liku, -likku, likke	geduldig
kirjaoskamatu, -matu, -matut, -matuid	lese- und schreibunkundig, analphabetisch
kirjeldamatu, -matu, -matut, -matuid	unbeschreiblich
kirju, kirju, kirjut, kirjusid	bunt
kõhe, kõheda, kõhedat, kõhedaid	unangenehm, frostig
kärsitu, kärsitu, kärsitut, kärsituid	ungeduldig
teadlik, teadliku, teadlikku, teadlikke	bewußt
tundetu, tundetu, tundetut, tundetuid	gefühllos
tundlik, tundliku, tundlikku, tundlikke	empfindlich, einfühlsam
tundmatu, -matu, -matut, -matuid	unbekannt
udune, uduse, udust, uduseid	neblig, trüb, verschwommen
uskumatu, -matu, -matut, -matuid	unglaublich
vaheldusrikas, -rikka, -rikast, -rikkaid	abwechslungsreich
väljakannatamatu, -matu, -matut, -matuid	unerträglich, unausstehlich

Kleine Wörter

enesestmõistetavalt	selbstverständlich
hüvasti	lebe wohl, lebt wohl, leben Sie wohl
liig	zuviel (des Guten)
meelsasti	gerne
meelsamini	lieber
muuseas	apropos, im übrigen, übrigens
saatel	in Begleitung, begleitet von

Übungen

1. Ersetzen Sie den Relativsatz durch ein abgeleitetes Adjektiv:

Inimesed, keda ei tunta.	Tundmatud inimesed.
Asjad, mida ei usuta.	Uskumatud asjad.
Nimi, mis pole tavaline.	Ebatavaline nimi.
Sõber, kes ei kannata palju.	Kannatamatu sõber.
Asjad, mis pole meeldivad.	Ebameeldivad asjad.
Inimesed, kel pole tundeid.	Tundetud inimesed.
Asjad, mida ei või kirjeldada.	Kirjeldamatud asjad.
Lugu, mis pole selge.	Ebaselge lugu.
Inimene, kes pole õnnelik.	Õnnetu inimene.
Asi, mis pole kindel.	Ebakindel asi.

2. Bilden Sie aus dem Verb eine handelnde Person (nomen agentis):

kirjastama	kirjastaja
müüma	müüja
tunnetama	tunnetaja

töötama	töötaja
lugema	lugeja
tegema	tegija
tundma	tundja
kannatama	kannataja
kirjutama	kirjutaja
sisse murdma	sissemurdja

3. Zählen Sie alle Ableitungen auf, die Ihnen zu einem Wort einfallen:

kiri
: kirjutama, kirjastama, kirjeldama, kirju, kirjanik, kirjandus, kirjutaja, kirjutus, kirjastus...

teadma
: teatama, teadus, teadlane, teatavasti, teadlik, teadlikkus, teadvus, teade, teave, teadmatu...

tundma
: tunduma, tunnetama, tunnistama, tunnustama, tunnus, tunnetus, tundja, tunnustus, tundlik, tundetu...

kannatama
: kannataja, kannatlik, kannatamatu, väljakannatamatu, kannatlikkus, kannatamatus...

GRAMMATISCHER INDEX
(Die Zahlen verweisen auf die Lektionen)

WORTINDEX

(Die Zahlen verweisen auf die Lektionen)

maailm 11
maal 15
maantee 10
madal 10
magama 6
magama jääma 6
magus 6
maha 10
mahl 11
mai 9
mainima 16
maitse 13
maitsma 11
maja 2
majandus 14
maksma 7
male 17
Mari 5
Mart 1
masin 16
Mati 1
meel 6
meelde tuletama 15
meeldima 6
meeldiv 9
meelsamini 20
meelsasti 20
meenutama 10
mees 5
meie / me 1
meri 8
mets 8
mida...seda 12
miks 1
miks mitte 1
miljon 9
millal 5
milleks 7
milline 15
mina / ma 1
minema 1
minestama 20
minevik 19
mingi 6
mingisugune 12
minu 2
minut 7
mis 2

miski 8
missugune 6
mistõttu 18
mitmes 9
mitte 1
mitu 9
mood 17
moodne 11
moodustama 12
muide 7
muidu 5
muidugi 3
mujal 13
muld 14
mullu 11
muna 6
murdma 17
mure 12
muretsema 15
muru 14
must 3
muu 3
muuseas 20
muuseum 13
muusika 7
muutma 9
muutuma 8
mõistlik 16
mõistma 7
mõistus 12
mõju 11
mõjuma 11
mõjuvõim 19
mõlemad 4
mõni 3
mõnikord 3
mõte 3
mõtlema 4
mõttekas 11
mõõtma 18
Mäeküla 4
mägi 11
mälestus 9
mäletama 5
mäng 3
mängima 3
märg 11
märk 13

märkama 10
märts 9
määr 15
määrama 19
mööda 13
möödas 9
mööduma 9
möödunud 9
müüma 7
müür 12

N

naaber 9
nael 17
naer 8
naeratama 10
naerma 8
nagu 2
nagunii 12
nahk 16
naine 5
Naissaar 6
naljakas 11
natuke(ne) 4
need 3
neli 7
neljapäev 6
nemad / nad 1
nende 2
nii 2
nii ja naa 19
niikuinii 13
niisama 9
niisiis 9
niiske 18
niisugune 9
niiviisi 12
nimelt 7
nimetama 12
nimi 2
nina 10
ning 9
noh 1
noor 3
noormees 9
normaalne 17
november 9
null 7

number 9
nurk 13
nutma 8
nõnda 3
nõrk 12
nõrkus 19
nõu 9
nõu 15
nõudma 9
nõukogu 3
nõukogude 3
nõus olema 9
nädal 6
nädalalõpp 6
nägema 6
nägemiseni 1
nägu 10
nähtavasti 18
näide 4
näima 12
näitama 7
näiteks 4
näitus 11
nälg 6
nüüd 1

O

odav 7
oh 2
oht 19
ohtlik 19
oktoober 9
olema 1
olemas olema 12
olenema 18
oletama 16
olgu peale 10
olukord 3
oma 2
omadus 12
omavahel 18
ometi 5
oo 1
ootama 1
osa 13
osaliselt 15
oskama 7
ostma 7

ots 16
otsas 7
otsast 18
otse 4
otsekohe 18
otsekui 11
otsima 5
otsing 18
otstarbekas 16
otsustama 9

P

paar 13, 16
paber 9
padi 17
paha 8
pai 17
paik 14
paistma 3
pakkuma 7
paks 2
paljas 14
palju 5
pall 19
paluma 5
palun 5
panema 8
paras 15
paras sulle! 15
parem 9
paremini 12
pass 17
patsient 19
pea 6
peaaegu 9
peaasi 11
peal 10
peale 6, 13
peale tulema 6
peale hakkama 7
pealegi 11
pealkiri 15
pealt 10
peamine 15
peaminister 18
peamiselt 15
peen 10
Peeter 1

peitma 19
pere 2
perekond 2
peremees 14
perenaine 14
pesema 13
pidama 5
pidu 14
pidutsema 16
pigem 10
piibel 2
piim 8
piinama 16
piinlik 14
piir 13
piisama 3
piisav 13
pikk 3
pikkus 12
pilk 8
Pille 12
pilt 2
pilv 12
pime 5
pimedus 13
Piret 2
pisiasi 15
pisike(ne) 10
pisut 7
plaan 7
plats 17
poeg 5
poiss 5
pole 2
poliitika 19
politsei 17
pood 5
pool 7
pool 15
pooldama 14
poole 16
poolest 10
poolt 14
porine 16
postkontor 5
praegu 4
prantsuse 7
Prantsusmaa 6